教師の言葉でクラスづくり

# 子どもにしみこむいいお話

多賀一郎 編　チーム・ロケットスタート 著



明治図書

# はじめに

昔は、家訓などを書いて、床の間に掲げている家庭がありました。各家庭において、子どもたちに人生の教訓を伝えるという習慣があったのです。

掲示こそしていなくても、子どもたちに人生の訓辞をたれる祖父母や近所のおじさんたちがいらっしゃいました。

今は、年輩からそうした教訓を語ってもらうことは、全くと言ってよいくらいに、なくなりました。

また、子どもたちに人生の教訓を示すことに対して、民主主義に合わないと考える人たちがいます。

しかし、未分化で、まだ何が善いことか悪いことなのかを判断できない子どもたちに、人生の教訓を示すことは、大切な大人の仕事なのです。

重要なのは、その示し方だろうと考えます。

「こうするべきだ」「こうしなさい」

と、強制的に教え込むのではなく、
「こうしてみたら、どうかな」
と、示唆したり投げかけたりして、子どもたちに示すのがよいでしょう。

教師は学校で子どもたちに考える指針を示さなければならないときがあります。人生の教訓を語らねばならないときもあるのです。優れた実践家たちは、そういうときの言葉の選び方と使うタイミングとが、絶妙なのです。

このTPOがあるから、子どもの心に言葉がしみ入っていくのです。いつでもどこでも、使ってよいというものではありません。

あるとき、先生が語ってくれた教えが、ずうっと心の中に残っているというようなことは、みなさんにもあるのではないでしょうか。

言葉とは不思議なもので、入り方が決まると、いつまでも人の心に残って、その後の生活に影響を与えていくものなのです。

さまざまな分野で活躍する先生方の生の言葉とその使い方を、本著ではたくさん紹介します。

この中から、自分に合った言葉を選び、自分なりの使い方につながるヒントを見いだしていただければ、幸いです。

２０１６年　春風のかほりを感じながら

多賀　一郎

学級には言葉が必要。
子どもたちの指針となる言葉が。

こんな先生に
おススメです

つい、だらっとしゃべっちゃった。
子どもの心をグッとひきつけるような
気の利いた話をしたいなぁ。

子どもの心をグッとつかむ言葉で
教師の思いを伝えてみませんか？

とっさの「こんなとき」のために珠玉の言葉を集めました。

# とっさの「こんなとき」こそクラスを育てる力ある言葉を！

# 目次

はじめに　3

## 1章　言葉が子どもを育てる

子どもを変える「言葉」を意識しよう……18
毎日、いい「言葉」をふりかけよう……20
「言葉」で子どもの考え方を変えよう……22

## 2章　子どもを育てる言葉

目　次

## 努力の大切さを伝えたいとき

水面下のアヒルの足を思い出そう　26
成功している者は皆努力している　28
よく耕した土に必ず実は結ぶ　30
一に努力　二に努力　三に努力　32
本物は続く　続けると本物になる　34
「100の努力」を続けよう！　36
「努力のつぼ」をあふれさせよう！　38
事を遂げる者は愚直でなくてはならぬ　40
「一生懸命」とは、文句を言わないこと　42

## 子どもを励ましたいとき

止まない雨はない　明けない夜もない　44

人間万事塞翁が馬　46
最悪は最善につながる　48
幸せになるために生まれてきた　50
人生は失敗から始まる　52
苦あれば楽呼　54
他人の記録を塗り替えるのは7割・8割でも可能だが、自分の記録を塗り替えるには10割以上の力が必要　56
頑固はていねい　58
いいから　いいから　60
来てくれて、ありがとう　62

## 自主性を育てたいとき

為せば成る　為さねば成らぬ何事も…　64
一歩、前へ　66

目　次

恥かけ　汗かけ　頭かけ　68
有言実行　70
わからないと簡単に言うな　72
やらない後悔より　やる後悔　74
少年老い易く学成り難し　76
教師がいらなくなったら、君たちの勝ちだ！　78
楽しさはつくるもの　80
やってみる？　驚かせてみる？　82

継続することの大切さを伝えたいとき

継続は力なり　84
努力は裏切らない　86
初心忘れるべからず　88
小さなことを積み上げていくこと　90

あなたには、あなただけの成長期がある 92
一日休むと三日戻る 94
「プラトー」がある 96
一日の百歩より、百日の一歩ずつ 98
大事なことは、その後 100

## 誠実に生きることの大切さを伝えたいとき

間違ったことは、みんながやっていてもやらない 102
正しいことは、みんながやっていなくてもやる 102
玉磨かざれば光なし 104
お天道様が見ている 106
成長を止める三拍子 108
信じてもらえないことが最も怖い 110
自根清浄 112

目　次


無知の知　114

## 行動・挑戦することの大切さを伝えたいとき

迷ったら困難な方を選ぼう　116
転石苔むさず　118
殻を破る　120
失敗はダイヤモンド　122
やったことは経験となる　124
考える・参加する・鍛え合う　126
逃げるとにげただけの人生が次に来る　128
百聞は一行にしかず　130
人生は掛け算、自分が0では意味がない　132
成功の反対は、失敗ではない　134
チェインジ　136

## ものの見方・考え方を学ばせたいとき

心のコップはいつも空っぽに 138
心の中にある太陽の光の当て方を変える 140
花を花と見て花と見ず 142
マイナスのことを言っているときの顔を見てごらん 144
絶対は、ない 146
仏の顔も三度 148

## あいさつや返事の大切さを伝えたいとき

呼んでくれる人がいる幸せ 150
日本一美しい言葉「ありがとう」 152
あいさつは人との距離を縮める 154
形式的なあいさつの先にある本物のあいさつを 156

目　次

啐啄同時《そったくどうじ》　158
馳走は、走り回って手配すること　160
食べるのではなく、いのちをいただく　162
あいさつはスイングドア　返事は事を返すこと　164

おわりに　166

# 1章
# 言葉が子どもを育てる

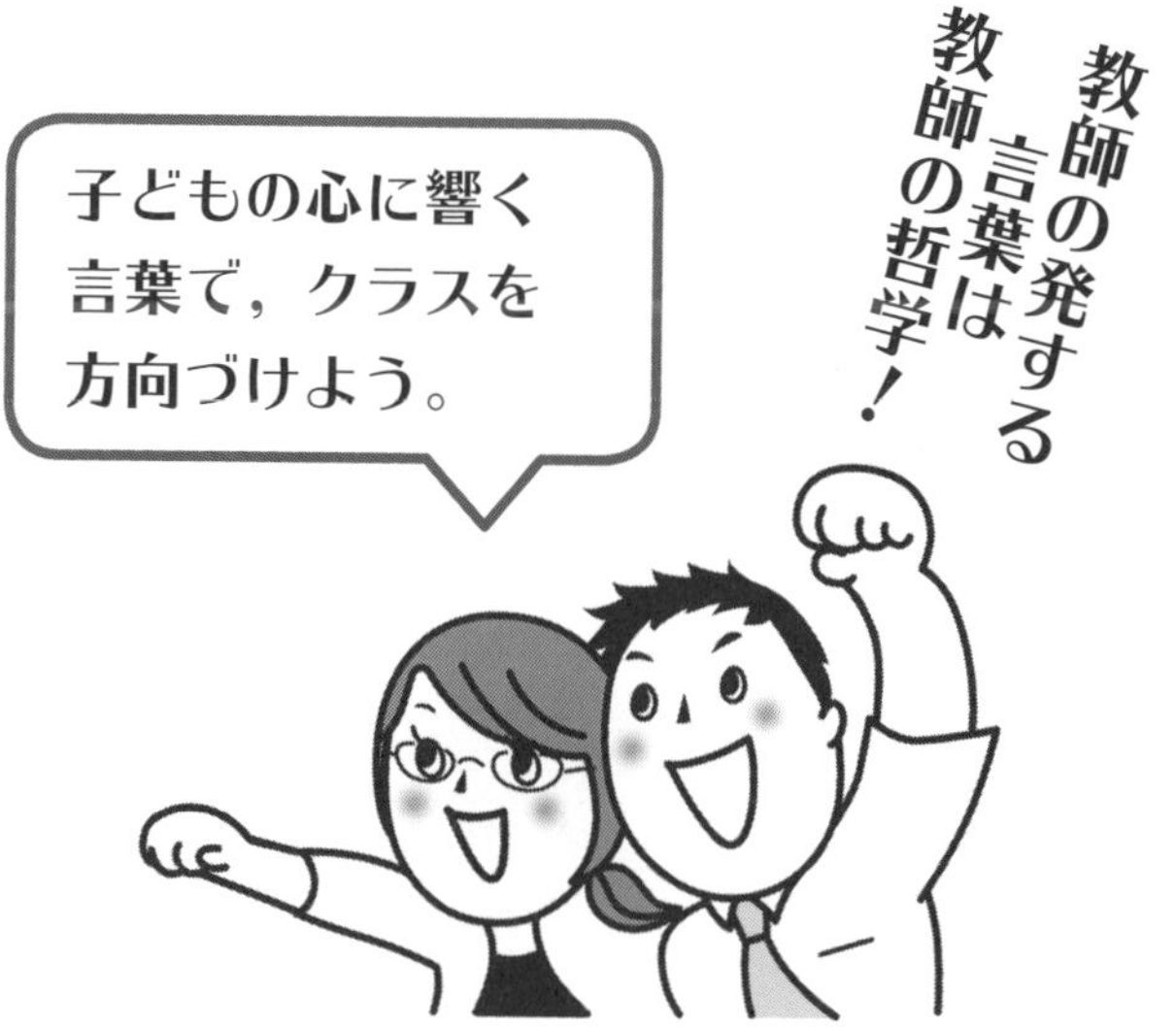
子どもの心に響く
言葉で，クラスを
方向づけよう。
教師の発する
言葉は
教師の哲学！

# 子どもを変える「言葉」を意識しよう

日本は言霊の国だと言われます。言葉の中に魂を見て、実体のないはずの言葉に神秘的な力を感じてきました。

受験の結果を待つときには、「落ちた」とか「すべった」という言葉は使ってはいけません。もし使ったときに不合格になったら、その言葉を使った人の責任にされかねないのです。言葉に縛られて自分たちの考えを抑制されたり、言葉の力で後押しされたりすることも少なくないということです。

特に小学生は未分化であるため、言葉に行動が左右され、言葉が心の躾糸のようになって、子どもの人生に影響していくことがあります。

言葉にはそういう力があるのです。その力を使えば、子どもを変えていくことも可能だということです。

教師の発する言葉は重いのです。昔ほど教師の権威というものはなくなってきましたが、それでもまだ多くの子どもたちにとっては教師の言葉は絶対的なものです。教師自身がそのことを意識しておかないと、不用意な言葉を使ってしまいます。そして、子どもたちを誤った方向に誘導してしまったり、必要以上に子どもを傷つけたりしてしまうこともあるのです。

教師の言った言葉をずっと大事に生きている教え子たちがいます。逆に教師に投げつけられたいやな言葉が心に残って、ずっとそのことで苦しんでいる子どもたちだっているのです。子どもたちが大切に考えて大事にしていたことが

「うるさい。くだらないことをごちゃごちゃするな！」

という心ない教師の一言によって、一瞬でなくなってしまった例を見たこともあります。「くだらないこと」という言葉が子どもを刺したのです。

何よりも、学校という所は教育を行う所です。子どもたちの人格形成にとって大切な場所なのです。教師は子どもたちに目指すべき方向を示したり、明るい光を当てたりして、自ら考えて生き抜いていこうとする心の基盤を育むという責務があるのです。

言葉のもつ力を意識して使いましょう。子どもの心に残る、子どもを変えられる言葉を語っていきましょう。

# 毎日、「いい言葉」をふりかけよう

逆の場合を想定してみましょう。毎日教師から子どもたちが「よくない言葉」を浴びせられたとします。

「バカ」「うるさい」「くだらない」「アホか」【完全な悪口】

「いいかげんにしろ」「何をやっているんだ」「へたくそ」【個人否定】

「ふざけるな」「うっとうしいなあ」「だまってろ」【教師の感情】

「はあ」「お前には無理」【人格否定】

こう並べていくと、言葉だけでも読んでいて気分が悪くなるでしょう。

こんな言葉をずうっと浴びていたら、子どもたちの心が伸びやかに育っていくでしょうか。

教室で教師が子どもにかける言葉は、風となって子どもたちに注がれます。激しく荒んだ言葉、醜い言葉の風に当たっていると、子どもたちはいらつき、不適切な言動が教室に増えていっても不思議ではありません。

一方、日常的に「いい言葉」をかけ続けると、教室の空気は明るくなり、子どもたちの笑顔が増えます。心地よい気分になったり、やる気が出たりするのです。

「いいねえ」「すてき」「なるほど」【賞賛】

「静かにしようか」「一緒に考えよう」【穏やかな言葉】

「いいから、いいから」「気にしないで」【励ます言葉】

このような言葉は、教室の温かい背景になっていくでしょう。

教師の仕事が教室のムードを高めて、子どもたちが伸びやかに育つようにすることだとしたら、毎日「いい言葉」をふりかけることは、最も大切なことなのです。

## 「言葉」で子どもの考え方を変えよう

教師の発する言葉は、子どもの心に残っていきます。子どもたちはその言葉が印象的であればあるほど、大切にしていってくれるのです。心の中に言葉がとどまって、少しずつ反芻するかのように消化されていきます。

それが子どもたちの考え方にわずかずつではありますが、確実に影響を与えていくのです。

人間の脳は、印象的な出来事や印象的なフレーズを記憶しやすいようにできています。子どもたちに何か指導したりアドバイスしたりするときに、効果的な表現を活用するように心がけると、子どもたちの聞く態度にも影響があるということです。

子どもの考え方を変えていく言葉は、簡潔で印象的であることが望ましいものです。

「時間を大切にしなさい」という言葉だと、あたりまえすぎて子どもの心には大して残らないでしょう。しかし、「一寸の光陰軽んずべからず」という表現にすれば、心に引っかかりやすいのです。難しい表現ではありますが、それだけに一度心に入ってしまうと、なかなか消えないで残り続けるものなのです。

「人間はね、こつこつと努力することが大事なんだよ」という言葉よりも、「雨だれ、石をうがつ」という言葉の方が心には引っかかりやすいのです。

忙しさに紛れて心ないことをした子どもたちに、

「忙しいという字は、心（立心偏）を亡くすと書くんだよ。」

と言えば、「忙」という文字と「心を亡くす」というフレーズが関連した形で頭に入っていきます。子どもたちはどこかで、忙しくしていろんなことをおろそかにしている自分に気づくかもしれません。

全員でなくてもいいのです。教師の言葉を聞いた数人が、そう思って暮らしてくれたら、その子たちの考え方に影響を与えることになるでしょう。

そんな言葉を工夫して、子どもたちにかけていきましょう、子どもたちはきっと変わってくれると信じて。

# 2章
# 子どもを育てる言葉

努力の大切さを伝えたいとき

# 水面下のアヒルの足を思い出そう

かつて、クラスに何でもできる子がいました。A君としましょう。マラソン大会では、1位。書き初めは、特選。音楽会になればクラスの歌の伴奏になり、自由研究では学校代表で市や県の審査にまで進むできばえ。もちろん、学習面も申し分なく、ほとんどがA。天才なのかと思っていました。しかし、お母さんと話をして、そうではないことがわかりました。彼の為し得たことは全て努力の賜。マラソン大会で1位を取るため、1年かけて早朝に走っていたのだそうです。書き初めは200枚は練習し、ピアノは休日に8時間の練習。自由研究はお母さんもひと夏中、つきあわされるそうです。まさに努力の人A君。だけど、それをみんなにひけらかすことはないのです。

ある日、クラスで勉強の苦手な子が、漢字テストで100点を取りました。心ない子が

「うそだろ。カンニングしたんじゃない。」

と、その子を責めました。私は、その子が家でお母さんと一緒に漢字の練習をがんばって

いることを知っていました。そこで、学級全体に話しました。
「水面で優雅に泳いでいるアヒルを知っていますか。のんびり、美しく泳いでいますよね。でも、見えない水面下で、アヒルは一生懸命に足を動かしているのです。○○ちゃんも、みんなは知らないと思うけど、家でしっかり練習してきたのです。」と言って、その子の漢字練習帳を見せました。そして、先に書いた努力の人、A君の話もしました。
「あの子すごいなと思ったら、その子の努力まで見てあげましょう。水面下のアヒルの足を思い出してね。そして自分もまた見えないところで努力していきましょう。」

努力もしないで悔しがっている子、人のできばえを羨ましがるだけの子にも、「水面下のアヒルの足、知ってる？ で、君はどう？」という言い方もできますね。

〈藤木　美智代〉

# 成功している者は皆努力している

世の中は一見、不公平です。実際、短期的に考えると才能がある子に努力しても勝てなかったという経験を多くの子どもたちがしています。そして、その結果やる気を失い、努力を続けなくなる子も多いのです。

しかし、才能がある人が必ずしも長じたときに成功しているわけではなく、才能がないと思われていた人が、こつこつ努力を続け、大きな成功を収めることは少なくありません。

人の成果と比べて、自分自身の可能性を諦めてはいけない。

まだまだ経験も浅い子どもたちにそのような価値観をもたせることは、とても重要だと思います。

子どもたちに作曲家ベートーベンの言葉を紹介し、次のように語ります。

「努力した者が成功するとは限らない。しかし、成功する者は皆努力している」

「諦めるのは簡単です。そして楽です。絶対に成功する方法を、先生は神様ではないので教えることはできません。でも、成功しないだろう、いつか成功しなくなるだろうという方法は知ってます。

それは、努力を続けないということです。

努力してもうまくいかなかった人もいるでしょう。でもその人は、いろいろな場面で、将来本当に自分が叶えたい夢を叶えるときのために、その努力する癖をつけているのです。そして、その努力は今すぐは報われないかもしれません。だけど、努力しないことに比べ、いつか報われるチャンスはきっと多くなるでしょう。

『できるようになりたい』という願いは大切にしましょう。

そして、成功できる日を夢見て、努力することができる自分の姿は美しいものだと誇りましょう。」

子どもたちに寄り添い、一緒にがんばろう、先生も一緒にがんばるから。そんな気持ちで語る言葉です。それはその子の表面に現れないがんばりを認めることにもつながります。

（南　惠介）

# よく耕した土に必ず実は結ぶ

漢字テストで、漢字練習をしても100点を取れなかった子どもたちがいます。落ち込んでいる姿を見たとき、黒板に絵を描きながらこんな話をしました。

「『よく耕した土に必ず実は結ぶ』という言葉があります。よく耕した土って、わかりますか。」

そう言って、畑の絵を簡単に描きました。チョークで簡単に色を付けた「土」を描いたのです。

「この畑にタネを蒔いたら、簡単に作物が育ちますか。（間）育たないですよね。タネが育ちやすいように、何度も何度も土を耕す必要があります。肥料もいります。水もまきます。手間暇かけてタネを育てる準備をします。時間がかかります。」

そう言って、黒板に描いた畑に作物が育っていく様子の絵を描きます。

「よく耕した土だと、タネから出た芽がよく育って、すてきな実が確実にできますよね。

もちろん、実ができるまでには、時間をかけたお世話が必要です。よく耕すというのは、土の準備で終わりではなく、芽が出てからも手間をかけることをいうんですよ。」

続けて、漢字テストに引っかけてこんな話をします。

「漢字テストでも同じです。みんなよく練習しています。でも、失敗することもあります。そんなときは、もっともっと学びの畑を耕してくださいね。まだ、努力できるということですよね。そうするうちに、時間がかかっても必ずすてきな実ができますよ。」

この話をした後は、漢字テストなどで失敗しても、子どもたちは「先生、よく耕した土ですよね。次、がんばります。」と言って、気持ちを切り替えてさらに努力するようになるのです。

1回、2回の失敗でめげる子がいます。そんなとき「よく耕した土」かどうかを自分なりに振り返るだけで、もっと努力しようと気持ちの切り替えができるようになると思うのです。

〈福山　憲市〉

# 一に努力　二に努力　三に努力

努力することの大切さを伝えるとき、必ず「ジャック・ニクラス」の話をします。

ジャック・ニクラスといえば、日本では「帝王」と呼ばれた有名なゴルファーです。アメリカツアーで70勝もしています。子どもたちには、ニクラスさんの写真と輝かしい業績を簡単に紹介した後、こんな話をします。

「ニクラスさんが、あるとき、アナウンサーから次のようなインタビューを受けました。『ニクラスさんのようなものすごい集中力を生むためには、何が大切ですか。』ニクラスさんは答えました。『それは努力です。』そのアナウンサーは、もっと秘密があるだろうと『では、2番は?』と聞いたのです。ニクラスさんは、また『努力』と答えました。それでも、絶対それ以外にあるだろうとアナウンサーは『それでは3番目は?』と聞いたのですが、それでも『努力』とニクラスさんは答えました。諦めないアナウンサーは、『それでは4番目は?』と聞いたのです。何とニクラスさんは答えたと思いますか。(間)何と

『みなさんが想像もできないような努力』と答えたのです。帝王と呼ばれた人でも、一に努力、二に努力、三に努力、四に想像できないほどの努力をしているのです。努力して努力して努力し続けてこそ、がんばった実ができると言っているのです。みんなは、この二クラスさんの言葉を聞いて、どう思いますか。」

どの子も「自分も一に努力、二に努力、そして最後には想像もできないような努力が大切と人に言えるような努力をし続けたい」と言います。

この話をした後は「一に努力、二に努力、がんばっているね。」と声かけをするだけで子どもたちの学びに対する集中度が変わっていくのがわかります。

どんなに優れた人でも「努力」を欠かさない。見えない所で「想像もできないような努力」をしている事実を知ることで、自分の手本となる姿を得ることができます。

〈福山　憲市〉

# 本物は続く　続けると本物になる

兵庫県の教育者、東井義雄の言葉です。この言葉は、1年の中で何度も伝えます。学級に掲示しておくこともあります。努力の大切さを伝えたいときに使う言葉ですが、特に努力してもなかなか結果が出ない子どもを励ますときに使いたい言葉です。

2年生の○○さんは勉強に苦手意識をもっていました。国語も、算数も苦手で、なかなかテストの点数も取れませんでした。それでも、がんばりやさんだったので、漢字テストに向けて何ページも練習してきました。それでも、テストの点数は低いままでした。そこで、その子の漢字練習のノートに

「ほんものはつづく　つづけるとほんものになる」

と書いてあげました。

「先生、どういう意味ですか?」

というので、説明しました。

「○○さんのように、うまくいかなくても、諦めずにチャレンジすることが本物の努力なんだよ。○○さんは、本物だから、諦めずに続けている。そして、そうやって続けていると今度はなんでもチャレンジできる本物の心が育つんだよ。」

「やった。本物になりたい。」

そう言って、また何度もチャレンジして練習を繰り返していきました。その子が1年間で練習した漢字ノートの冊数は30冊を超えました。まさに、「ほんもの」でした。

この言葉は、子どもだけでなく教師も大事にしておきたい言葉です。すぐにはうまくいかなくても、続けることで成果が出る。教師の姿でもその言葉を見せたいものです。

努力した結果がすぐには出るとは限りません。しかし、その努力を続けるということ自体に価値があるということを伝えるときに使いたい言葉です。

〈桔梗　友行〉

# 「100の努力」を続けよう！

私のクラスではどの学年でも日記指導を取り入れています。毎日書かせます。

さて、日記指導にはテクニックがいるのですが、とにかく初めの意欲づけが大切です。次のような話をします。

「みんなは知っていると思うけど、先生のクラスでは毎日日記を書きます。これまでのクラスでも書いていますね。でも、みんな喜んで書き続けました。なぜなら、100日連続日記に挑戦したからです。100日間、連続で日記を書くのです。一口に100日と言っても大変です。土曜日も日曜日もずっと休まず書かないといけません。でも書き続けると、どんどん書く力がついてきて、100日に近づくにつれて、少々の文を書くなんてへっちゃらになります。しかも、日記を書くことが楽しくなります。

世の中には「100の努力」という話があります。100の努力を続けると、ある一線を境にブレイクスルーが起こるという話です。一気に書けるようになるのです。先生が担任した6年生は、卒業式までがんばって300日連続日記を達成した子がたくさんいます。ぜひ、みんなもチャレンジしてみてください。」

100日連続日記をやりきると、子どもたちにはものすごい自信と満足感が育ちます。もちろん続かなくてもいいのです。途切れたら、「また今日からがんばったらいいよ」と励まします。いつからでも取り組みを再開できます。

大変ではありますが、この日記指導は、「書く力をつけること」「続けて物事をやりぬく力をつけること」そして「子どもたち全員とのコミュニケーションを図る」という点で、大きな効果を発揮します。

最終のゴールを示すということは、大変効果的です。見通しと同時に、通過点が明確になるため、子どもたちのがんばる意欲を喚起します。

〈古川　光弘〉

# 「努力のつぼ」をあふれさせよう！

努力には、その成果が目に見えない期間があります。

みなさんは、野村克也という人を知っていますか？　もしかすれば、「野村監督」あるいは「ノムさん」と言う方がわかりやすいかもしれませんね。

プロ野球、南海ホークスのテスト生として入団したにもかかわらず、２０１５年度に中日の谷繁選手に破られるまで３０１７試合出場の日本記録をつくり上げたまさしく努力の人です。

そのノムさんが、著書の中で、「寝ても覚めても野球のことばかり考えていなければならない『基礎づくり』の時期がある！」（『野村の極意』ぴあ）と述べています。

野球だけでなく、水泳でも、縄跳びでも、鉄棒でも、あるいは絵画にしても、和裁にしても、努力しても目に見えない期間があります。しかし努力は一つ一つ積み重ねるしかありません。そんなとき、つい投げやりになり、諦めてしまいます。

けれども、そんなときこそ、ノムさんの言葉を思い出してほしいのです。「寝ても覚めても水泳のことばかり考えている」「寝ても覚めても鉄棒のことばかり考えている」。それぐらい努力を重ねてほしいのです。

よく〝100の努力〟ということが言われますが、蓄積された努力が、コップからあふれるまで時間がかかるのです。でも一旦あふれ出すと、成長は加速的に訪れます。だから、成果が出なくてもあせらなくてもいいのです。努力しても成長が目に見えないときが、一番つらいときですが、誰もが通る道なのです。

子どもたちが、努力しても報われない壁に直面したときには、右のような話をしてあげてください。きっとまたやる気を取り戻すでしょう！

〈古川　光弘〉

# 事を遂げる者は愚直でなくてはならぬ

運動会の開会式の司会を担当している子ども（6年生）を指導しているときのことです。

「先生、聞いてもらっていいですか？」

担当の子どもが、私にお願いにきたので司会の言葉を聞きました。読み終えると私は、

「今、自分で100点満点中何点くらいだと思いますか？」

とたずねました。

「80点くらいだと思います。もう少し、聞いている人が聞きやすいように読めるといいと思うのですが……」

とその子どもは答えました。

そこで私は、いくつかアドバイスをした後、次のように話をしました。

「昔、勝海舟という日本を大きく変えるきっかけをつくった人がいました。その人が『事を遂げる者は愚直でなくてはならぬ』と言ったそうです。愚直とは、『愚かなほど真っ

直ぐ』と読めます。愚かなほど真っ直ぐに練習し続けたとき、開会式の司会が『すばらしかった！』と言われるのだと思いますよ。」

そう伝えると、その子どもの目の奥がキラリと輝いたように感じました。

その後、その子どもは休み時間になると、教室の隅で壁に向かい、何度も何度も同じ言葉を練習していました。そして当日、見事なまでに堂々とした態度で、抑揚をつけて司会の言葉を言うことができていました。

高学年になると、努力することを諦めてしまうことが多くなります。人からの視線を気にせず、努力を続けられる人こそが、自分の思い描いた目標に近づけるのだと思います。

人から見れば愚かでも、真っ直ぐ自分を信じることができれば、成功するのだという経験を、多く積むことが大切だと思います。

〈松下　崇〉

# 「一生懸命」とは、文句を言わないこと

子どもたちはよく
「がんばります。」

とか、

「一生懸命に生きたいと思います。」

とかいうようなことを言います。


しかし、実際には一生懸命に生きるということはどうすることなのかを、具体的に表現できる子どもはほとんどいません。

「命の授業」などをしたときに、いつも子どもたちに問いかけます。

「一生懸命に生きるって、どうすることなのかな。」

とたずねられてさっと答えられる子どもたちは、まずいないでしょう。

そこで、

「一生懸命とは、ただひたすらそのことに打ち込んでいくということです。ひたすらに打ち込んでいる人は、文句をぶつぶつ言いません。文句を言っているうちは、まだまだ一生懸命ではないのだということです。」

と言います。

子どもの言葉は軽くて薄いときがあります。そんなときは、少し深く考えさせる必要があります。

〈多賀 一郎〉

子どもを励ましたいとき

# 止まない雨はない　明けない夜もない

いつも惜しいところで、残念な結果になってしまう子、いませんか。リレーの選手を決めると補欠だったり、学級委員を決めると次点だったり。テストをすると90点は取れるけど100点にならなかったり、成績ももう一歩でAなんだけどやっぱりBだったり。そういう子たちに、そこで諦めないでほしいことを伝えたいときに、この言葉を使います。さだまさしの「Close Your Eyes 瞳をとじて」の歌詞から、お借りしています。

ある日、95点のテストがゴミ箱に捨てられていました。ある子が、

「先生、こんないい点数のテストが捨ててありました。誰が捨てたのかな。Aちゃんに返さなくちゃね。」

と言いながら拾ってきました。しかし、聞いてみると誰かが拾って捨てたのではなく、まさかの本人が捨てたことがわかりました。Aちゃんは、100点が取りたいのです。100点でなくてはいやなのです。お家の人がそれを期待しているのかもしれないし、Aちゃ

んがそれに必死に応えようとしているのかもしれません。そこで、話しました。
「95点は悔しいね。もう少しで１００点なのにね。でもね、いつもいつも90点、95点って取っていればいつか１００点になるよ。雨はいつか必ず止むでしょ。夜は必ず朝になるでしょ。Ａちゃんの95点もいつか１００点になる立派な点でしょう。みんなも、もう少しってところで残念な結果になったとき、『止まない雨はない、明けない夜もない』って思い出してね。晴れはもうすぐ、朝はもうすぐ、絶対に来る。きっと次はいい結果が来るってこと。元気が出るでしょう。一歩前の95点、大事にしてね。」

何度も何度も挑戦してもうまくいかないで諦めそうになったとき、「止まない雨はない、明けない夜もない」と、自分を励ます言葉にしてほしいと思います。

〈藤木　美智代〉

# 人間万事塞翁が馬

運動会が間近に迫ったある日のことです。サッカー少年団で活躍しているリョウタ君が左足に包帯を巻いて登校してきました。話を聞くと、試合中に捻挫してしばらくは運動を禁止されたとのことです。リョウタ君はリレーのアンカーです。友だちの期待も背負い、彼自身もやる気になっていたときに、まさかのアクシデントでした。なんだかクラス全体がしょんぼりした空気になってしまいました。

「うーん。ショックだねぇ。あれだけやる気になっていたのに。」

「先生、リョウタ君がいないとリレー、勝てないよ!」

周りの友だちも騒然とし始めました。

「『人間万事塞翁が馬』って話がある。聞いたことはあるかな?」

そう言って、この故事を紹介しました。

「えー、何かいいことに変わるかなぁ?」

話を聞いても、まだ子どもたちもうまく気持ちの整理がつけられないようです。
「変えられるかどうかはわからないよ。だけどね、リョウタ君の分までがんばるよ、と言えるクラスだったら、運動会も楽しくなると思わない？　それから、リョウタ君が応援のヒーローになるかもしれない。今できることを一生懸命にやれたら、リョウタ君のアクシデントをみんなで乗り越えた、と胸を張れるんじゃないかな。」
こうして話した後、誰かが練習の中で前向きに取り組んでいる姿を見つけたら、帰りの会で話すようにしました。クラスは前よりも団結したようです。困難なことがあっても、したたかに、たくましく生活できるようにしたいと思います。

自分の思うとおりにならないことはたくさんあります。楽観的に「どんな物事にも、いい面も悪い面もある」と大きく構えると、よい結果になることが増えます。

〈藤原　友和〉

# 最悪は最善につながる

小学校生活最後の運動会。6年生の団体種目は、クラス全員リレー。クラスの子たちは、休み時間も返上して練習に取り組みました。

そして迎えた総練習。あんなに一生懸命取り組んだのに、まさかの最下位。どの子も、がっくりと肩を落として泣いています。悲しみと失望は怒りに変わり、やがて「あんなに練習したのに、最悪だな」という自嘲に変わりました。

「最悪とは、最も悪いと書きます。最高に悪い、もうこれ以上悪いことはないという意味ですね。つまり、本番は、今日と同じくらい悪いか、今日よりよいかのどちらかなのです。

先生は、今日が最悪でよかったなあと思います。

もし、今日、作戦が失敗しなかったら、本番は今日と同じ作戦でいきます。でも、作戦は万全ではありませんでした。作戦に弱みがあるなんて、今日失敗するまで誰も気づきませんでした。だからそのまま本番を迎えていたなら、本番で初めて弱みが出たかもしれないのです。

今日負けたことは確かに最悪かもしれません。でも、負けたことによって、自分たちの弱みに気づくことができたのです。まだ、本番までどうしたらよいか考える時間がありま す。最悪だと言って何もしないことの方が最悪だと、先生は思います。今は最悪だけど、みんなで何とかしようって考えることは、たとえ負けたとしても最善を尽くした経験として心に残ります。それこそが最善なのだと思います。

だから先生は、最悪は最善につながっているのだと思います。」

最悪を味わったからこそ見えるもの、わかることがあります。それこそが、その人にとっての「最善」であると思います。

〈宇野　弘恵〉

# 幸せになるために生まれてきた

内気で上がり症のA君が、児童会書記に立候補しました。自分を変えたい、何にでもチャレンジする自分になりたいという一心での立候補です。この勇気にクラス中から拍手が起こりました。A君は誰よりも早くに演説原稿を書き上げ、暗記し、何度も練習しました。クラスのみんなも全力で応援しました。でも、結果は落選。泣きじゃくるA君の口から、

「やっぱり僕、だめだった……。もう変われないのかな。」

という言葉がこぼれました。

「ジャイアント馬場というプロレスラーがいました。全日本プロレス代表取締役社長・会長、NWA第一副会長を歴任した、超有名なプロレスラーでした。

実は、馬場さんはプロレスラーをする前、読売巨人軍の野球選手でした。ところが、お風呂場での転倒で肘をけがしてしまい、泣く泣くプロ野球選手の道を諦めたのです。

そのとき馬場さんは、夢は破れたしもうおしまいだ、と思ったそうです。しかし、縁があってプロレスの世界に入り、当時の日本人なら知らない人はいないほどの偉大なレスラーになったのです。肘をけがしたことは大変な不幸ですが、肘をけがしたからこそ、その後のすばらしい人生があったのだと思います。

こういう生き方を見ると、人は幸せになるために生まれてきたのだと強く思います。失敗だ、不幸だ、と思うことですら、きっとそれも幸せになるための道のりなのだろうと、先生は思うことにしています。だから、A君が落選したことだって、きっと意味があることだと思いますよ。」

幸せかどうかを決めるのは、自分。どんな失敗や逆境も幸せにしてしまう強さを、本来人間はもっているのだと思います。

〈宇野　弘恵〉

# 人生は失敗から始まる

失敗をしてくよくよしている子がいたので、こんな話をしました。

「これ、みんながよく知っている付箋です。この付箋が、失敗から生まれたということを知っていますか。」

子どもたちが気軽に使っている付箋。それが、失敗があって誕生したとは、子どもたちは意外に知りません。

「実は、初めは粘着力が強い接着剤を作ろうとしていたのです。ところが、失敗の連続。なかなか粘着力の強いものを作れなかったのです。たまたまできたのが、よく付くけど簡単に剥がれてしまう奇妙な接着剤。これを失敗作だと諦めず、簡単に剥がせる本のしおりにしたらどうだろうと考えたのが、大成功。付箋が誕生したのです。人生って面白いですよね。人生って失敗から始まると言われています。失敗を失敗として終わらせず、失敗を成功に変えていく。その心が大切だと先生は思います。」

黒板に付箋を貼って、そのそばに「人生は失敗から始まる」と書きました。

さらに続けて、失敗を成功へと変えていった話をしていきました。

「失敗を成功に変えた話は、身の回りにたくさんあります。例えば、みんなが大好きな食べ物『ポテトチップス』や『柿の種』も失敗から生まれたのです。例えば、みんながよく使う『使い捨てカイロ』も『電子レンジ』も同じです。失敗を生かしたのです。失敗をくよくよする必要なんかありません。大切なのは、失敗を大切にして成功に変える心ですよ。」

失敗でくよくよしていた子も、いつの間にか真剣な顔で話を聞いていました。

「失敗」したからだめなのではなく、「失敗」したことを生かさないことがだめなんだと気がつくことで、気持ちの切り替えができるようになると思うのです。

〈福山　憲市〉

# 苦あれば楽呼

運動会の練習や音楽祭、卒業式などの練習を「苦しいからいやだ」と日記に書いていたり、直接言いに来たりした子どもがいたとき、こんな話をしました。

「この写真の動物、みんな知っていますか。」

ラッコの写真を黒板に貼って聞きました。もちろん、ほとんどの子が知っています。

「では、これは何をしている所か、わかりますか。」

ラッコが好物の貝を、石を使ってお腹の上で割っているシーンの写真です。もちろん、全員がわかります。

「ラッコは1日5キロもの貝を食べるのを知っていましたか。5キロというと、何十個という貝です。それを何個も何個も割るのです。苦しいです。大変です。でも、割れるとおいしい貝を食べることができる。幸せですよね。先生は、これを『楽呼』（らっこ）と言っています。」

そう言って、ラッコの写真のそばに「楽呼」と大きく書きました。

「もし、ラッコが貝を割るのを面倒だ、苦しいと言って止めたらどうなりますか。」

「おいしい貝を食べることができない。」

「死んでしまう！」

「その通りです。苦しいからと言って逃げたら、また苦しくなります。苦しくても苦しくてもがんばり続けると、必ず『楽呼』です！　楽というのは楽しいとも読みますね。苦しいことをがんばると楽しさがやって来るんです。」

教室には「楽呼」という言葉を貼ってあります。この言葉が子どもたちの気合の元です。


ことわざに「苦あれば楽あり、楽あれば苦あり」というのがあります。これを直接話すよりも、子どもたちがよく知っているラッコで例えることで心にすっと入る話に変わっていきます。

〈福山　憲市〉

# 他人の記録を塗り替えるのは7割・8割でも可能だが、自分の記録を塗り替えるには10割以上の力が必要

言うまでもなく、人間の成長には、程度の差こそあれ、必ず何らかの困難が伴うものです。もし困難を伴わない成長があったとしても、それは一過性のものではないでしょうか。無論、長い長い人生の間には、時としてそうした幸運に恵まれることもあるでしょうが、学校教育のスタンスとして、そんな他力本願をあてにしたところで、子どもたちの将来の幸せを保証できるはずもありません。要するに、「必ず子どもたちに将来困難な場面が訪れる」という前提で、その困難に打ち勝つ強さを、子どもたち一人一人の心に育んでいくことが肝要です。

「『他人の記録を塗り替えるのは7割・8割の力でも可能ですが、自分の記録を塗り替えるには10割以上の力が必要です。』」

大リーグニューヨークヤンキース（当時）のイチロー選手の言葉です。

人間が成長するために必要なことは何でしょうか？　『他人に勝つこと』でしょうか？　いいえ、違います。人間が成長するためには、自分自身の中にある、『恥ずかしい』『面倒くさい』『苦しい』『悲しい』『やりたくない』……といった心の弱さに打ち勝つこと、つまり、『自分に勝つこと』なのです。

では、『他人に勝つこと』と『自分に勝つこと』、どちらが難しいでしょうか？　その答えは、まさにイチロー選手の言葉の中にありますね。人間は、過去の自分や、自分の心の弱さを克服することでしか、成長できません。最も簡単そうで、しかし最も難しい自分自身との闘いに勝ち、成長の階段を上っていきましょう。」

成長には必ず困難が伴い、そこを乗り越えることでしか成長はないことを、イチロー選手の言葉を引用しながら、子どもたちの心に熱を入れるように伝えたいものです。

〈西村　健吾〉

## 頑固はていねい

1年生でも、頑固な子どもがいます。ひらがな一つの練習で、自分が納得するまで何度も消して書き直します。

「そこまでしなくても、いい字が書けているよ。」

と言っても、なかなか止められません。

そのぶん時間がかかります。効率が悪いから他の子どもたちが全部終わっても、まだ半分しか書けません。お母さんと懇談すると、

「この子は何をさせても遅いし、頑固で言うことを聞いてくれません。」

と言います。親としてはあせるでしょう。やきもきするでしょう。

でも、こういう子どもは、じっくりタイプであることが多いです。じっくりタイプに「早く、早く。」と言ってはいけません。その子のアイデンティティを否定するからです。

「あなたはじっくりタイプなんだから、ていねいにていねいにすればいいんだよ。」

と言うべきです。

あせるお母さんにはこう言います。

「お子さんは、じっくりタイプです。じっくりタイプにはじっくりとすることでの成果を認めてあげましょう。雑にならないということはすばらしいことなんですよ。」

教育で最も難しいのは、「待つ」ことです。いろいろな状況があっても子どもを「待つ」には、根性がいります。

将来の不安を感じながらも、その子らしさを大切にして「待つ」ことは、苦しいものです。

〈多賀 一郎〉

# いいから　いいから

長谷川義史さんの絵本『いいから　いいから』シリーズ（絵本館）の言葉の転用です。

教室にはたくさんの失敗が起こります。失敗した子どもは恥ずかしいし、落ち込みます。そんなときに「いいから　いいから」という言葉を使います。

また、学校で生活していたら、つらいことやいやなこともあります。そんなときには、自己否定に陥ることも多いのです。

6年生のあるとき、1人の女の子の様子がどうもおかしいと気づきました。隣のクラスの子どもではあったのですが、他の子どもたちからその子の自分のクラスでの状況を聞き出しました。

友だちとの間がうまくいっていなかったようです。いじめというほどではありませんが、仲のよかった友だちとうまくいかなくなるというのは、6年生にもなると、かなりきついものがあります。全体で移動しているときのちょっとしたすきをねらって、話しかけました。

「元気ないぞ。」

「うん。」

「しんどいみたいやな。」

その子は、はっとして僕の顔を見ました。

そのときに

「お前はお前のままで、いいから　いいから」

と言うと、ぱっと顔が明るくなりました。

柔らかい言葉は、子どもをほっとさせる力があります。

〈多賀　一郎〉

# 来てくれて、ありがとう

朝、遅刻気味に学校に来る子はどのクラスにもいると思います。

「どうして、遅刻したの？」

「寝坊してしまいました。」

「じゃあ、今日は早く寝てね。」

そして、とぼとぼと自分の席に着いて、鞄から教科書を出します。しかし、こんなやりとりをいくらしても、なかなか登校時刻に間に合うようにはなりませんでした。

どうしてと、問われて理由を言えるくらいなら、きっとすでに解決の手段を何かしら、取ってもいるでしょう。それが取れないから遅刻してしまうのです。

ある日、ほんのちょっとだけ遅刻気味に登校してきた子と玄関で会いました。その子は、何とも申し訳なさそうな顔をしています。ここで、いつもの遅刻の押し問答をしても、きっと気持ちよく一日は始められません。

「顔見られてよかったよ。いつもより早く来てくれて、ありがとう。一緒に教室に行こうか！」と、声をかけました。

その子は、照れくさそうに、

「はい。」と笑っていました。

その日から、遅刻はせずに学校に来た……とはなりませんでしたが、少しずつ遅刻は減っていきました。そして、朝の時間を、その子も私も気分よく始められるようになりました。


学校に時間通りに来るのはあたりまえだと、思ってしまっている私がいました。今日も昨日と変わらずに会えてうれしいという思いを伝えていきたいです。

〈戸来　友美〉

自主性を育てたいとき

# 為せば成る　為さねば成らぬ何事も…

行事に向けて取り組みを始めるとき、最初は目を輝かせて取り組み始める子どもたちも、活動が進むにつれて少しずつ意欲を失っていきます。ここでもうひと踏ん張り努力することで、ぐんとひと伸びするなと感じたとき、学級で次のように話します。

「みんな、『為せば成る』ということわざ、知っていますか?」

子どもたちは次々に

「知っている!」「知らない!」と答えるでしょう。

「このことわざには続きがあります。『為せば成る　為さねば成らぬ何事も　成らぬは人の為さぬなりけり』です。『やればできる　やらなければ何事もできない　できなかったということはやらなかったということだ』という意味です。今、取り組んでいることを、もうできないと諦めたら、その人はいつの間にかできるようになると思いますか?　できないですよね。努力することで、必ずできるようになります。この行事に向けてあなたが『為すこと』を教えてください。」

そう話し、子どもたちの意見を聞いていきます。

何かに向けて努力をしていると、だんだん視野が狭くなり、いつの間にかこの「やればできる」というあたりまえのことを忘れがちになります。そして、意欲も次第に失われていきます。子どもたちにこのことわざを投げかけ、「やるべきこと」を具体的にすることで子どもたちがもう一度、自分からやってみようという意欲をもたせます。教師は、子どもたちがそこから行動する様子を見守り、自分から始めたことに対して声かけしていくことが大切です。

「やればできる」と励まされることで、意欲をもつことができます。自分から努力を続け、できるようになったとき、格別の達成感を味わうことができるでしょう。

〈松下　崇〉

# 一歩、前へ

朝の会で日直のノゾミさんが前に出たときのことです。ノゾミさんは、大きな声ではきはきと話し、会を進めています。そんなとき、司会の言葉を間違えてしまいました。教室には笑い声が響きます。ノゾミさんは恥ずかしそうに笑った後、また大きな声ではきはきと司会を進めていきます。会を終えたところで、私は子どもたちに
「今日の朝の会の日直だけれど、ノゾミさんのことみんなどういうふうに思いましたか?」

と聞きました。

「一生懸命やっていて、とてもよかったと思います」

「間違えても明るく司会をしていてすごいと思いました」

と、子どもたちから意見が出ました。

「そうだよね。ミスを恐れず、自分の力をしっかり出しきっていた所によさがありまし

たね。だから失敗しても、明るく笑って、次に進むことができました。自分に自信がないとき、恥ずかしいとき、『どうしよう』と迷うとき、どうしても後ろに下がりたくなります。そんなときこそ、『一歩、前へ』出る勇気をもつといいでしょう。同じ失敗でも、後ろに下がってもじもじすることからは学ぶことはありませんが、『一歩、前へ』自分から出て失敗したことからは多くのことを学べます。」

この話をした後、さまざまな場面で「一歩、前へ」と声をかけていきました。そうすることで、子どもたちの間にも合い言葉として「一歩、前へ」という意識が根付いていきます。子どもたちは普段、「こんなことしてもいいのかな?」と迷っていることが多いと思います。日常の中で「一歩、前へ」と意識することで、子どもたちの自主性が育っていくのだと思います。

失敗を恐れず、勇気をもつには、普段から「一歩、前へ」自分から進もうという意識を、日常生活でもたせることが大切ではないでしょうか。

〈松下　崇〉

# 恥かけ　汗かけ　頭かけ

授業中、発表をすることをためらう子どもたちがいました。また、大勢で動くときに率先して動けない子どもたちがいました。こんなとき、次のような話をしています。

まずは「三つのかけ」と黒板に大きく書きました。

「みんなは、三つのかけという言葉を聞いたことがありますか。実は、福山先生がいつも心の中で大切にしている言葉なんです。」

そう言って、「恥」という漢字を書きます。

「この漢字は『はじ』と読みます。先生でも、いろんな所で発表したり質問したりするのが恥ずかしいです。手を挙げようかどうしようか迷うときがあります。でも、そんなとき『恥かけ』という言葉を思い出すようにしています。」

この後、手を挙げたり質問したりするのに勇気がいる人を聞きました。多くの子どもたちが手を挙げます。その後、さらに聞きます。勇気を出して発表したり質問をしたりした後の気持ちです。多くの子が「すっとした」「気持ちよかった」と言います。

「そうなんです。先生も同じです。勇気を出さず発表しなかったら心がすっきりしなかったなあと思うんです。恥をかくつもりで全力を出す。そうすると気持ちがいいと思います。」

さらに続けて「汗をかくほど動くこと」「頭をかくほど、しっかりと考え悩むこと」に勇気をもって取り組む話をするのです。

「先生、恥をかいてもいいので発表します!」

そう言って、自分の心を奮い立たせる子どもたちが増えてきます。


進んで発表したり行動したりすることは、簡単なようで意外に難しいことです。人の後に続いた方が楽です。でも、この言葉を知ると、勇気をふり絞る子がたくさん出てきます。

〈福山　憲市〉

# 有言実行

これは僕の独特の考え方かもしれませんが、「不言実行」という言葉が嫌いです。子どもたちにも、やってみようと思ったこと、やるのだと決意したことは、口に出しなさいと指導しています。

「不言実行」と「有言実行」とを両方板書して、言います。

「『不言実行』という格言があります。黙ってやるべきことをやりなさいという意味です。でも、これって僕はおかしいと思っています。

だって、これだけしますよって口に出して言わなければ、思ったよりもできなくても文句を言われることはないでしょ。100のうち10だけしかできなくても、人には『10できた』と語れます。

でも、80はやりますと宣言してしまったら結果的に70までしかできないときに、

『10できていないよ』

と、責められます。それでも自分のできることをちゃんと考えて宣言し、その通りにやってのける人って、格好いいと思いませんか。『不言実行』は卑怯な考え方だと思います。『有言実行』は、自分のレベルに対する判断もしています。自分をきちんと見つめることもできるのですよ。」

物事にはいろいろな考え方があり、自分に合ったものを選ばせたいものです。

〈多賀 一郎〉

# わからないと簡単に言うな

子どもたちによく言う言葉が

「わからない、できないと簡単に言うな。」

ということです。

今の子どもたちは、課題を提示したとき、すぐに

「えー、わからない。」

「そんなのできない。」

という言葉を口にします。

そんなとき僕は、子どもを叱るのです。

「簡単に『わからない』と言うな。まだ、プリントを配ってから10秒も経っていない。何回、その問題を読みましたか。何回も読んで一生懸命考えましたか。10分ぐらい考えぬいてわからなかったら、そのとき初めて『わからない』と言いなさい。君たちは、わか

らないのではなくて、まだ考えていないんだよ。」
そう言うと、多くの子どもたちは、仕方なく自分で考えようとし始めます。プリントは、子どもがわかるように書いてあるものです。そして、少し難しくて、何回も読んで考えないとわからない課題も入れています。ぱっと読んでわかることばかりしていて、賢い人間が育つはずがありません。わからないことや難しい課題にぶつかって、悩んで考えるから脳が動くのです。
その入り口で「わからない」と言ってしまうと、前へは進めません。叱ってでも、前へ進めなくてはならないと考えています。

**言葉の使い方一つで、子どもの考え方も変わるということです。**

〈多賀 一郎〉

# やらない後悔よりやる後悔

児童会の役員になるかどうか。学級の中ではのびのびと生活し、話し合いのときには積極的に発言するリョウコさんも、上級生がいる場に緊張するのかなんだかいつもより元気がありません。５年生になって初めての児童会がこれから始まる、というタイミングで、リョウコさんに声をかけてみました。

「緊張してるの？　役員やってみたいって言ってたじゃない。」

「いやー、できないよ。緊張する。」

休み時間には、別々の委員会に所属することになったアスカさんとお互いに「立候補しようねー。」と話し合っていたのですが、どうやら雰囲気に飲まれてしまったようです。

彼女のクラスでの活躍の場が学校全体に広がるといいな、と思った私は、次のように続けました。

「そうだねぇ。緊張するよね。失敗するかもしれないし、思ったように活躍できないかもしれない。そうしたら立候補したことを後悔するかもね。」

「だけど、その後悔は、やった人しか味わえない後悔だ。それに比べて、やっておけばよかったという後悔なら、誰でもできるよね。『やらない後悔よりやる後悔』という言葉もあるんだ。」

ちょうど児童会が始まったので、教室の後ろから子どもたちの様子を見ていました。司会の子が「では、次に副委員長を決めます。立候補する人はいませんか？」と挙手を促すと、リョウコさんはちょっと緊張しながらおずおずと右手を挙げかけました。ゆっくりと、ゆっくりと。やがてその腕はぴんと伸び、指名を待っていたのでした。

子どもの自主性は、自主選択と自己決定が保障されている場で挑戦するからこそ伸びていきます。挑戦したい気持ちをそっと後押ししてあげる言葉です。

〈藤原　友和〉

# 少年老い易く学成り難し

夏休みを前に、計画を立てていた学活の時間です。塾や習い事、家族旅行で忙しそうな様子の子もいれば、毎日少年団活動、という子もいます。その一方で何の予定も立たない、特にやりたいこともないという子も一定数います。夏休みは「休み」なのだから、思いっきり自由に遊び回らせたらよい、という考え方もあります。それに一理あることも認めます。しかし、「時間は有限である」ことを踏まえた上で、自分で選んだ時間の使い方をしてほしいな、という願いもありました。

「どうして、夏休みの最後の3日って短いんでしょうね?」

「わかるー。宿題間に合わない!」「もうすぐ学校が始まるかと思って、しょんぼりする。」子どもたちは口々に、去って行く夏の思い出を語り出します。

「『少年老い易く学成り難し』という言葉があります。人はあっという間に歳を取ってしまう。だけど、身につけたい学問はなかなか身につかない、と昔の人が言ったんですね。」

「先生、夢のないことを言わないで。」
「夏休みが終わりに近くなると、実感しますよね。だから、これだけはやってみようかな、と思うことを一つだけ決めておくといいと思いますよ。」
このように話した後、子どもたち一人一人の立てた計画について話し合います。休み時間や給食時間を利用しながら、なるべくその子にあった目標になるように、アドバイスしたり、相談にのったりします。そして、この話し合いの様子や「少年老い易く……」の話を学級通信に載せて、家庭での話し合いのきっかけにしてもらっていました。

子どもたちの時間感覚は大人よりとても長いものです。夏休みはいつまでも続くような気がするのでしょうね。主体的な時間の使い方を意識させたいです。

〈藤原　友和〉

# 教師がいらなくなったら、君たちの勝ちだ！

「子どもが成長する」ということを前提とするならば、ある指導局面において最終的には教師が不要になることをイメージして指導にあたるべきです。1年が終わる際になっても教師があれこれ指示を出さなければならないという状況は、「教師の敗北」でもあります。最後には教師が何も言わなくても子どもたちが自主的に動くようになる。これが「教師の勝利」であり、「子どもたちの勝利」でもあるのです。

例えば全校朝礼などで体育館へ移動するとき。教師は前に立って先導していくことになるでしょう。子どもたちは「叱られたくない」ので教師について歩いていきます。しかし子どもたちにとってこれは他律的な状況であり、「自主」の対極にある姿です。

そこで次に体育館移動するときにこう言います。「君たちは力を伸ばしたいかい？」こう聞くとまず全員が手を挙げます。「では聞きます。体育館へ移動するとき、先生が前に立って移動するのと、前に立たないのとでは、どちらの方が君たちは成長していると言えますか？」子どもたちは後者と答えるでしょう。理由を出させます。「先生がいなくても体育館へ移動するくらい自分たちでできます。」という答えが出るでしょう。さらに「では、どのように移動するのがベストですか？」と聞きます。「しゃべらない」「等間隔で歩く」「きれいに2列に並んで移動する」「自分たちの位置についたら静かに座って待っておく」などの理想イメージを子どもたちから出させます。「ようし！　ではやってみなさい。もし先生にだめだと思って口を出させたら君たちの負け。私が何も言わずにちゃんと今言ったように移動できたらＯＫです。先生がいらなくなったら、君たちの勝ちだ！」こう挑発して子どもたちを送り出すのです。

この他にも「話す人の方を向く」「よそ見をしない」「大きな声であいさつする」などの評価基準をもち、あらかじめ子どもたちと確認して本番に臨むとビシッとした姿になります。

〈土作　彰〉

# 楽しさはつくるもの

集団で生活する学校では、人間関係によるトラブルはつきものです。トラブルがあっても、気持ちを切り替えて楽しく過ごしている子がいる反面、いつまでもいやなことつらいことから、目が離せずにいる子もいます。

何日か続けて、中休みに「いやなことがあったから、体育館から戻ってきた。」と浮かない顔をしている子がいました。そんなことが続けば、自分も楽しい休み時間を過ごせませんし、周りの子も後味の悪い思いをしてしまいます。

そこで、休み時間の後、クラス全体に向かって話をしました。

「休み時間に困ったことや、いやだなって思うことはあるよね?」

どの子にもある経験です。うんうんとうなずく姿が見られます。そして、続けました。

「そんなことがあっても、せっかくの休み時間。楽しく過ごそうと、気持ちを切り替えて楽しい顔で帰ってくる人もいれば、いやなことがあったと帰ってくる人もいるよね。」

この話にもうなずきます。私はいつも帰ってきた子に、残った休み時間に暗い顔のままじゃなくて、他の友だちと遊べるようなら、遊んでくるように声をかけます。

「楽しいことって、誰かがつくってくれるものじゃなくて、自分が楽しいと思うことで生まれるのだよ。だからさ、いやなことがあっても、そればかり見ないで、楽しくなれそうなことを探してみるといいよね。楽しさは自分でつくるものだよ。」

と言ってから、3時間目の授業を始めました。これはあくまで対等な喧嘩や、言い争いのときの言葉がけです。

人生においても楽しさや幸せは、自分の心が決めるもの。その心もちが、自分の人生を楽しく豊かにしてくれると私は信じています。

〈戸来　友美〉

# やってみる？　驚かせてみる？

自主性を育てるには、やることがわかっていて、あとは自分から動くか、人から言われて動くかの選択を子ども本人に気づかせ、実行させるかどうかだと考えます。以前、子どもと家の人とのやりとりの一場面を取り上げて、話をしたことがあります。

「お家の人から、『もう宿題はしたの？』『早くお風呂に入りなさい』『部屋を片付けなさい』などと言われたことがある人は手を挙げましょう」

と問うてみると、クラスの半数以上の子どもたちが手を挙げました。するとA君が、

「だって、やろうとしてるのに、言うんやもん」

と発言しました。（いやいや、やろうとしていない、やってこなかったことによる信頼の低下でしょ）と心の中で私はつぶやきながら、

「お家の人からの信用がないんかなぁ、A君は。先生は信用してるんやけどなぁ。でも、惜しいし悔しいなぁ。今日帰って、いつも言われていることを全部言われる前にやったら、

どんな反応してくれるかな、家の人。ほら、想像してごらん?」

と私が微笑みながら伝えると、

「先生、今日帰ったら、全部やってみて、ビックリさせたるわ。」

と返してくれました。次の日、たずねてみると、

「『あんた、何かあったんか? どうしたん?』ってお母さんビックリしてたよ。」

と笑顔で教えてくれました。

子どものやる気・意欲を喚起し、「やってみよう!」という心を育てるためにも、言葉がけやていねいな説明が大切であり、日々の活動の積み重ねで、自主性は育まれていくのです。

自主性を育てるポイント
①アイメッセージ ②スッキリ指示・説明 ③やってみる?の促し言葉
根気強く、粘り強く、子どもの自尊心を最大限生かしてくすぐってあげましょう。

〈中條 佳記〉

# 継続は力なり

3年生になっても、かけ算九九がすらすらと言えない子どもがいました。算数の時間、とても苦しそうだったので、休み時間を使って毎日少しだけ練習をすることにしました。多くの子どもたちは、校庭へ遊びに出かけていて、教室はシーンとしています。その子どもの練習する声だけが教室に響いていました。2週間が経ち、少しずつ九九を正確に言えるようになった頃、私はその子に言いました。

「『継続は力なり』という言葉を知っていますか?」

その子どもは首をかしげます。

「何でも続けていると、できるようになるという意味のことわざです。九九が少しずつ言えるようになったあなたに、ぴったりのことわざですね。でもね、これにはもう一つの意味があってね。」

そう続けると、その子は真剣な顔でうなずきながら話を聞いています。

「『できるようになるまで諦めないで続けるということ、それ自体がすばらしい力である』という意味でもあるのですよ。今のあなたは、先生が言わなくても、できるようになろうと、自分で学習しようとしています。それはあなたが続けようとする力をもっていることになりますね。」

その子どもはうれしそうにうなずいた後、練習を続けました。そして、3年生が終わる頃には、九九を全て言えるようになっていました。

努力し続けることで、できるようになるのは、きっと誰でも知っていることです。しかしわかっていても、「続けること」は、先が見えず、挫けそうになります。どんな課題にも、簡単に諦めず、努力し続ける心を育てることこそが大切だと思います。

「継続は力なり」の二つの意味を理解し、子どもの中に何が育っているかを見て取り、それを伝えることができれば、子どもはやる気をもって取り組めるはずです。

〈松下　崇〉

# 努力は裏切らない

「努力は裏切らない」

という言葉は、中学校の教師だった私の父がよく子どもたちに伝えていた言葉です。この言葉を聞いたのは、父が亡くなった葬儀の日、教え子の方から聞きました。行事や学習、部活など、継続して行う活動の中で、必ず苦しいときやつらいときが出てきます。そんなときに、継続することの大切さを考えさせる意味でも、この言葉は意味があると考えています。

ただし、使うのであれば、

「苦しいときやつらいときに使うだけではなく、その前から使う」

ことを意識するとよいでしょう。

「さあ、5年生の算数がいよいよ始まるね。難しいこともできないなって思うこともきっとたくさんあると思うよ。でも、必ず覚えてほしいことがあるんだ。それは、努力は裏切らないってことなんだ。」

「その瞬間はできないかもしれない。しかし、努力が裏切らないってことは、そのときのテストで結果が出るだけじゃない。その後、がんばったってことが後で財産のように残っていくんだよ。10年後、20年後にも生きていくんだ。」

というように、活動や学習を始める前に言うことをおすすめします。

こうしたことは、子どもたちがつらいときに陥る前から何度も何度も繰り返し伝えていきます。そうすると、子どもたちの心の中に、

「努力は裏切らない」

という思いがしっかりと残っていると考えます。

つらいときに、使うのではなく、活動が始まる前に伝える。そして、何度も何度も伝え、子どもたちの心の中に意識させるようにするとよい。

〈長瀬　拓也〉

# 初心忘れるべからず

「初心忘れるべからず」とは、「初めの志を忘れてはならない」というような教訓として知られる言葉です。しかし、この言葉を伝えた世阿弥の意味するところは少し違ったそうです。世阿弥によると、「初心」とは、新しい物事に取り組むときの対処の仕方のことで、教訓というよりは、能を身につけるための秘技のようなものでした。学級でも、上達するためのワザとして、この言葉を紹介します。

体育の時間。逆上がりの練習。なかなかできない○○さん。体育の練習は、簡単に成果が現れるものばかりではありません。諦め気味に練習しています。

「○○さん。逆上がりの練習は?」

「もう、できなくてもいいんです。」

「なかなか、簡単にできなくて難しいよね。わかるよその気持ち。でも、○○さん。最初逆上がりができなかったとき、めちゃくちゃ悔しくて泣いていたよね。そのときの悔しい気持ちを忘れていないかな。『初心忘れるべからず』っていう言葉があってね、これは、何かを上手に身につけるためのワザなんだよ。」

「ワザですか?」

「そう。もう無理とか、もうできる、とかついつい慣れてくると人はそう考えてしまう。でも、一番最初にやったときは、悔しかったり、新鮮で楽しかったりしたはず。その気持ちを忘れずに思い出すワザ。○○さんならそんなワザを身につけられると思うな。」

大事なことは、逆上がりができることよりも、できなかったことを忘れずにチャレンジしようとする気持ちをもたせること。上達論として紹介したい言葉です。

初心とは、最初に物事に出逢ったときの新鮮な気持ちです。失敗して悔しい。上達して楽しい。そんな気持ちをいつでも引き出せるようにするワザとしての言葉です。

〈桔梗　友行〉

# 小さなことを積み上げていくこと

子どもの前で、おもむろに1枚の紙を出し、問います。「この紙は、厚いですか？」

もちろん、厚いと答える子はいません。数枚積み重ねて「これでは？」と再び問います。

もちろん、「厚い」という子はいません。そこで、500枚、1000枚の紙をどんどん積み重ねます。子どもたちは「厚い」と、少し驚きながら言います。

「『できるようになる』というのは、こういうことです。」

ついつい一足飛びにできるようになりたいと思うのは、人間の常です。

しかし、そのような一見奇跡のように思える成長や進化が見られたとしても、実はその根っこには成長や進化に向けた何らかの積み重ねが必要なのです。

子どもたちにMLBのイチロー選手の数々の偉業を紹介した後、彼の言葉を紹介します。

「小さいことを積み重ねるのが、とんでもない所へ行くただひとつの道だと思っています。」

人は、自分の変化に気づくことは難しいものです。しかし、友だちの変化には気づきやすいという面があります。

友だちの成長がわかるものを提示し次のように話します。

「○○くんの努力はこの一枚の紙と同じです。彼はそれを大切にしてきました。その日だけならきっと大したことがないでしょう。

でも、彼はそこにこだわり、休む日もあったかもしれないけれど、着実に積み上げてきた。だから、こんなすごい進化を遂げることができたんです。

そして、一枚一枚の紙を積み重ねたときのように、その変化が自分にも人にもわかるのは、いつも突然なのです。

その突然が訪れるためには人が気づかないような小さな小さな努力を続けることが必要なのです。この紙を重ねていくように。」

よい話を聞いて終わりではなく、実際に小さな目標を決め、できるようになる体験をすることで、きっとその言葉は子どもたちの心にしみこむようになるでしょう。

〈南　惠介〉

# あなたには、あなただけの成長期がある

４年生になるまで、市販のテストは30～40点だったA君。授業中もふざけてばかりだった彼が、５年のクラス替えを機にひたむきに学習に取り組み始めました。

その変貌ぶりに周囲も驚くほどでしたが、彼自身は思うような結果が出ないことに悩んでいました。やはり自分は頭が悪いのではないだろうか、努力してもできるようになんかならないのではないか、と思い始めていたのでした。

「早くに成長する人もいれば、ゆっくり成長する人もいます。取り組んだことがすぐに現れる人もいれば、じっくり時間をかけて現れる人もいます。急にぐんと伸びる人もいれば、少しずつ毎日伸びている人もいるのです。こんなふうに、成長の仕方って、人それぞれなのです。

そして、誰がいつ、どんなふうに伸びるのかは、自分ではわかりません。先生にも親に

もわからないのです。でも、A君にも『自分は成長しているな』と思えるような成長期が必ずあります。A君だけの成長期があるのです。今はまだ結果が見えないけれど、必ず、自分は力がついたと思えるときが来ます。それがあなたの成長期。

でも、努力が結果にすぐに反映しないのが学力。結果が現れるのは、早くて半年、遅くて2年もかかります。A君は5年生になって、たった2ヶ月間努力しただけ。だから、みんなと比べてがっかりなんかしないで、これからも勉強を続けてみませんか。」

他との違いに劣等感を抱きがちな思春期。自分には自分だけの成長期があることを知ることで、自分を肯定的に見つめて生きてほしいと思います。

〈宇野　弘恵〉

# 一日休むと三日戻る

決めたことをやり続ける、やり遂げることは簡単ではないです。毎年、途中で諦めてしまう子どもたちに出会います。そこで、4月初めからこんな取り組みをしています。

「今日から、ふっきゃん教室というのをやります。この教室は5分勉強教室です。授業中ではありません。朝・中休み・昼休み・帰りの時間などを利用して、5分だけ勉強に取り組もうという試みの場です。」（ちなみに、ふっきゃんとは福山のあだ名です）

例えば、朝早く教室に来ている子に声をかけて、5分だけ漢字トレーニングをすることがあります。あるときは、音読を一緒にすることもあります。慣れてくると、子どもたちの方から「先生、ふっきゃん教室やってください。」と来ます。もちろん、5分ふっきゃん教室に参加した子の名前は控えておきます。

「今日で、5日もふっきゃん教室をやり続けている人がいます。（ここで、名前紹介）やることは簡単でも、やり続けることはとっても難しいです。5日も続けているなんて、すごいことです。なかなかできることではないです。先生の好きな言葉に『一日休むと三日戻る』というのがあります。ある柔道の選手が、優勝したときにインタビューで『今日は、家に帰ってお祝いですか？』と聞かれたときに『いいえ、すぐに練習です。優勝したことはうれしいですが、もう次の試合の準備が始まっています。一日休むと三日戻ることになります。だから、練習を続けます。』と答えたのです。5日もやり続けている人は、この柔道選手と同じだなあと思います。やり続けることを大切にしているのがすごいです。」

「先生、ぼくも三日戻らないように少しずつでもやり続けます。」

こう言って、5分という短い時間を大切にし、やり続ける子が増えていきます。

「一日休むこと」は止まることではなく、後退してしまうことになる、それを教えてくれる言葉です。少しずつでも前進しようという心が育つ言葉だと思うのです。

〈福山　憲市〉

## 「プラトー」がある

努力していても、なかなか成果の上がらないこともあります。結果が出ていて、怠けてもいないのに、一時的に結果の出ないときがくるものです。もともと忍耐力の弱い今時の子どもたちが、その状態を乗り越えるのは、大変です。「がんばってもだめだった。やっぱり自分には無理……。」

そういうものを感じたときに、子どもたちに図を描いて説明します。

「人間はね、まっすぐ右肩上がりに伸びていくんじゃないんですよ。がんばってちょっと結果が出てきて、いい調子だと思っていても、何度やってもいい結果が出てこないときがきます。それをプラトー【平衡状態】と言います。

このプラトーのときに、諦めないでこつこつとがんばっていると、また、ぐんっと伸びるときがきます。行き詰まっているように思っている人、君たちは今、プラトーのときなんですよ。ここで諦めずに続けていくと、必ず伸びる時期がやってきます。」

子どもたちには、図などで視覚化して説明すると、具体的でわかりやすいです。

〈多賀 一郎〉

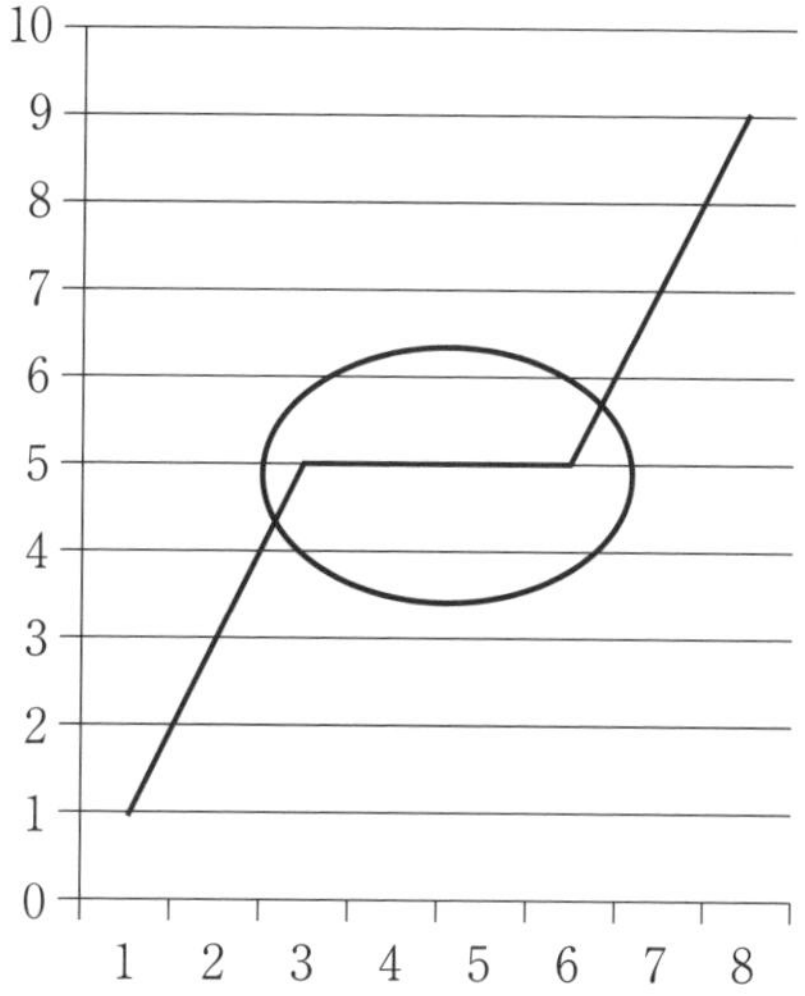

# 一日の百歩より、百日の一歩ずつ

継続することの大切さは、学校でも、家庭でも、子どもたちにとっては耳にタコができるくらいに繰り返し繰り返し諭されてきていることでしょう。しかし、なかなか定着しない……というのが本当の所でしょう。故に教師は、この価値を子どもたちに伝える言葉を、よりたくさん携えておくにこしたことはありません。

「小さなことを積み重ねることが、とんでもない所に行くただ一つの道だと思う。」

（プロ野球選手・イチロー）

「才能の差は小さいが、努力の差は大きい。継続の差はもっと大きい。」（不詳）……そんな、これまで多くの偉人が残してきた名言には遠く及びませんが、私のとっておきの言葉がけを紹介します。

「みなさんは、百歩先のゴールを目指すとして、①一日の百歩、②百日の一歩ずつ、どちらの方法を取りますか？　もちろん、どちらかを否定するものではありません。人それぞれ、自分に合った歩み方もあることでしょう。

でも先生は、一日で百歩進む方法のよさを認めながらも、百日かけて一歩ずつ進む方法を選びます。なぜなら、一日の百歩ではその次の一日の歩みは保証されず、百日かけて一歩ずつ進む歩みは、その次の百一歩目、百二歩目をも保証すると思うからです。百の歩みが二百、三百の歩みにつながると思うからです。

『継続は力なり』『ちりも積もれば山となる』です。心の瞬発力も大切ですが、こうした心の持久力（継続する力）をしっかり身につけていきましょう。」

子どもたちの心にしみこむように、それこそ継続して説くことが肝要です。できれば、継続したことによる成果が現れたとき（体験）とセットにするとより効果的です。

〈西村　健吾〉

# 大事なことは、その後

「つい言ってしまったんだ。」と、泣きながら、友だちを傷つけてしまったことを反省している子がいました。自分がしたことの重みを十分理解していると思ったので、次の言葉を伝えました。

「先生だって、大人だってね、間違えてしまったり、ついやってしまったり、失敗してしまったりすることがあるんだよ。だからね、『大事なことは、その後』なんだよ。」

少しホッとした表情になったその子と、これから、どんなことを考えて、どんなことをしていくとよいか、確認しました。

クラス全体にも、何度もこのことは伝えます。例外もありますが、基本的には、「安心して失敗できるクラス」になってほしいからです。「失敗から学ぶことができるクラス」であってほしいからです。

そして、「大事なことは、その後」の言葉は、もう一つの視点からも、子どもたちによく伝えています。

例えば、運動会や学習発表会の取り組みが成功したときや、自分たちの課題を達成したり、乗り越えたりしたとき。そんなときにも、「大事なことは、その後」の言葉を伝えます。「すてきだったね。よくがんばったよ。でもね、『大事なことは、その後』なんだ。このすてきなことも、がんばったことも、続けてこそ、生かしてこそ、意味があるものになっていくんだと思うよ。」

子どもたち自身が自分（たち）のがんばりを認めて、それを大切にしてほしいと思います。そのための視点を「大事なことは、その後」から伝えました。

「今」学んだことや経験したことは、次につなげてこそ意味があると思えたとき、子どもたちは安心して失敗をし、成功した後に、新たな意欲をもつことができます。

〈大野　睦仁〉

誠実に生きることの大切さを伝えたいとき

# 間違ったことは、みんながやっていてもやらない
# 正しいことは、みんながやっていなくてもやる

指導していると、こんなことはありませんか。「○○君がやったから、私もやった。」「ぼくだけじゃないよ。○○ちゃんもやってたよ。」「誰もやらなかったから、私もやらなかった。」まさに「横断歩道みんなで渡れば怖くない」という考え方です。人に左右されずに、自分の判断で、やるべきか、やらざるべきか、考えて行動できる子になってほしいと思い、子どもたちにこんなふうに話しました。

「自習中に、友だちとおしゃべりしている子が何人かいます。Aちゃんは、みんなもやっているからと思い、自分も隣の子と話をしました。Aちゃんをどう思いますか?」子どもたちは口々に「それはだめでしょう。」「よくない。」「真似してはいけない。」と答え、間違った行動だとわかります。そこで、「自習中のおしゃべりは間違ったことですね。間違ったことは、もしもみんながやっていても自分はやらない、それが勇気ある本当の行動ですね。」とまとめます。

「掃除の時間、まだまだゴミがあるのに、遊んでいる子がいます。B君は、一人で黙々と隅っこを拭いています。B君をどう思いますか?」子どもたちは、「B君はえらい。」「いい子。」だと答え、正しい行動だとわかります。そこで、「掃除を一生懸命にすることは正しいことですね。正しいことは、もしもみんながやらなくても自分はやる、それが勇気ある本当の行動ですね。」とまとめます。

私は、よくこんなことを考えます。正しいこととは、世の中のみんなが一斉にやっても大丈夫なこと。「私一人くらいいいだろう」と思って世の中の人みんながやったら大変なことになるなら正しくないこと。こんな話も付け加えてみてはどうでしょう。

「正しいことはみんながやっていなくてもやる。」それができるようになったら、今度は、みんなを巻き込んで正しいことをする人になってほしいと思います。

〈藤木　美智代〉

# 玉磨かざれば光なし

エイイチ君は、漢字テストがいやでいやで仕方がありません。せっかく家の人が用意してくれたドリルにも全く手をつけようとしませんでした。

私はエイイチ君が何を得意としているのか、どういったことならがんばれるのか、注意して見ていくことにしました。すると、エイイチ君は絵が得意なことがわかりました。

「すごいなー。この絵はどれくらい練習したの？」

「え、別にしてないよ。」

どうしてそんなに上手に描けるのかと聞くと、小さな頃から絵ばかり描いていた、とのことでした。チラシの裏、いらない紙、余ったノート。とにかくありとあらゆる紙は、エイイチ君のキャンバスだったようです。

「そうか。そういう努力があってのこの才能なんだね。エイイチ君はずっと才能を磨く努力をしてきたんだ。『玉磨かざれば光なし』ともいう。ずっと磨いていたんだねえ。」そうやって、エイイチ君のがんばりを褒めると、はにかんだ表情を浮かべていました。

後日、やはり漢字テストの点数が思わしくなかったエイイチ君。やり直し練習をしている手の動きもずいぶんとゆっくりです。そこで、彼の手をとって、正確な筆順で一緒に書いてあげながら、次のように話しました。

「エイイチ君のあの上手な絵も、きっとこうして練習したんだよね。漢字の才能も先生と一緒に磨いてみようか。」話し終えた後で、練習した漢字ノートには大きな花丸。それから毎日、給食準備中に一緒に漢字を練習する時間をとりました。翌週の漢字テストが100点だったことは言うまでもありません。

「やればできる」という自信をもつことができれば、苦手なことにも挑戦する意欲が湧きます。誠実さは自分を信じることから始まるものと思います。

〈藤原 友和〉

## お天道様が見ている

お天道様とは太陽のこと。太陽や神様、仏様は、人が見ていない所でもいつも私たちを見ています。だから、どんなときでも恥じない生き方をしなさいという意味です。子どもたちに伝えるときは、誰かが見ているから悪いことはできないよ、という意味だけでなく、誰も見ていなくてもお天道様に誓った自分の思う正しいことをできるようにするということを伝えます。

「『お天道様が見ている』という言葉を知っていますか。高学年になると、誰も見ていないからまあいいや、と仲間と勝手なことをしてしまうことがあるようです。そんなことも、空では太陽や神様、仏様が見ています。そんな悪いことをする人はいますか。」

「悪いことをすると、いつかはばれてしまう。だから、悪いことはしません。」

「そうですね。ただ、ばれなければいい、ということとも違っています。お天道様とは、太陽のこと。そして、太陽が見ていると感じられるということは、いつも自分自身を少し離れて見ている自分をもっているということです。太陽でも神様でも仏様でも、誰かがいつも自分を見守ってくれている。そんな存在に恥じないような誓いを立てて行動する。そのために、お天道様が見ている、という考え方が生まれました。」

そうやって話した上で、「お天道様」に立てる誓いを考えさせます。この誓いは誰にも言いません。自分とお天道様だけが知っている誓いです。日々過ごしながら、お天道様に立てた誓いを崩しそうなとき、「お天道様が見ている」と思って、すっと立て直せるようになってほしいと願って子どもたちに伝える言葉です。

「お天道様」のような存在を意識しつつ、いつも自分を俯瞰できる気持ちをもたせる。自律に向かう中学年以上に伝えたい言葉です。

〈桔梗　友行〉

## 成長を止める三拍子

何か指導をすると、子どもから次の言葉が返ってくることがあります。

「知っています。」

「わかっています。」

「今やろうと思っていました。」

相手の指導を素直に受け入れることができず、これらの言葉を使うことで、自分を守ろうという意図が見えます。これらの言葉が頻繁に出てくるようだと、指導が通りにくくなります。

教えてあげようと思っていても、このような言葉が返ってくると、教える気がなくなってしまいます。これから先、子どもたちはたくさんの人からたくさんのことを教わり、成長していきます。ところが、指導したことに対して、これらの言葉が返ってくると、指導する方は教える気がなくなってしまいます。子どもたちが成長する機会をなくしてしまいます。だから、これらの言葉を「成長を止める三拍子」として先に子どもたちに示します。
「みんなはこれから先、たくさんの人からたくさんのことを教わって成長していきます。ところが、『成長を止める三拍子』を使っていると、人からものを教えてもらえなくなり、成長が止まってしまいます。成長を止める三拍子とは、『知っています。』『わかっています。』『今やろうと思っていました。』です。人間は弱いから、自分を守ろうとして、ついこれらの言葉を使ってしまいます。実にもったいないことです。」
そして、教室に掲示します。すると、生活の中でこれらの言葉が出たときに子ども同士で「成長を止める三拍子だ！」と注意し合うようになります。

**先手必勝です。先に示すことで、成長を止める三拍子が教室からなくなります。**

〈飯村　友和〉

# 信じてもらえないことが最も怖い

算数のテストを手に、Aさんが私の前にやってきました。見ると、誤答に丸がついています。私は間違いを直し、詫びながら答案を返しました。

「あーあ、これがあっていれば100点だったのになあ」

Aさんは、おどけたように笑いながら席に戻って行きました。

「今、Aさんは、間違って丸をもらったことを正直に話しにきました。黙っていたらわからなかったのに……。Aさんは誠実な人だなあと思います。

私が高校生のときのことです。猛烈に勉強した数学のテストで凡ミスをしてしまいました。くだらない間違いで90点を逃したのが猛烈に悔しくなり、私はトイレで答えを書き直しました。そして職員室に行き、先生の採点ミスであることを伝えました。先生は謝罪しながら丸をくれました。私は心の中で、やった!と叫びました。

ところが次のテストでも同様のミス。今度は迷うことなくトイレで答えを書き直し、先生の所に行きました。先生は、私をじっと無言で見つめました。そして一言、『そうか、ごめんな。』と言って丸をくれました。

このとき私はわかりました。先生は私のうそを見抜いていたことを。私は急に恐ろしくなりました。先生は、私をうそつきな人間と思うでしょう。この先、どんなに本当のことを言っても信じてくれないかもしれない。どうしよう、いつも疑いの目で見られるかも……。

私はこのとき、人に信じてもらえないことが最も怖いことだと知りました。信じてもらえないことが、惨めで寂しいものだと知りました。」

信じてもらえないことは、自分の存在を否定されること。自らの行動で、自分を惨めで寂しい立場に貶めることをしたくはないものです。

〈宇野　弘恵〉

# 自根清浄

Ｔ「なんのために、掃除をするのかな。」

「教室をきれいにするため。」

「教室を美しくするため。」

「おんなじことじゃないか。」

Ｔ「ちょっと感じがちがうね。どっちがいいかな。ともかく、掃除のめあては、まず、きれいで美しくすることですね。それから?」

「掃除するのは、片付くから。」

「さっさっとしてしまうの。」

Ｔ「そうだね。掃除のめあての二つ目は、整理整頓するっていうことですね。」

「掃除すると、すずしくなるの。」

Ｔ「すずしくって、すーっとなるってことかな。」

「うん。すーってなるの。」

T「それは、すっきりするっていうことですね。」

「うん、そう。掃除すると、いい気持ちになるよ。」

T「いいこと言うねえ。この二つを合わせると、掃除をすることは、心がすっときれいになるってことなんだよ。トイレのそうじは美人になるらしいけど（笑）、掃除をしたら、気持ちよくなるよね。心がきれいになっていくんだよ。

そのことを『自根清浄（じこんしょうじょう）』と言うんだよ。」


**清掃と心を結びつけることは、主体的にしていこうとする子どもを育てます。**

〈多賀　一郎〉

# 無知の知

「あっ、それ知ってる!」「あっ、それ聞いたことがある!」「あっ、それやったことがある。」「知ってる知ってる、お父さんに聞いたことがある。」こんな言葉をよく耳にしていました。

ところが、話を聞いてみると、何も知っていないということがよくあります。「知っている知っている」と言って、相手を見くだす様子も見られたのです。

そんなとき、ソクラテスの「無知の知」という言葉を子どもたちに話します。自分自身、高校時代に知って、自分自身を顧みるきっかけをもらった言葉だからです。

「こんな言葉があります。『無知の知』という言葉です。無知というのは知らないという意味です。『知らないことを知っている』という意味です。もちろん、自分自身がです。

自分は知っているようで、まだまだ知らないことが多いということをわかっているということです。先生は、この言葉に高校生のときに出会って、そうだなあ、ちょっと本を読んでいろいろなことを知っていると言っても、人に説明できるくらいわかっているかと言うと、わかっていないなあと強く思ったんです。それ以来、大好きな言葉の一つです。」

その後、高校の先生から言われた言葉を続けます。

「福山くん、いいことに気がついたね。まだまだ知らないことが多いと知っている人は強いよ。どんな人からも、どんなことからも学ぼうとするからね。この言葉を大切にしなさい。」

子どもたちには「無知の知」という言葉は難しいかもしれないですが、まだまだ知らないことが多いと思える人はすばらしいということをしっかり告げるようにしています。

「無知の知」という言葉は、子どもたちの学びに対する心構えを変えるきっかけとなる言葉です。「まだ知らない」ということが恥ずかしいことではないと思えるようになります。

〈福山　憲市〉

# 迷ったら困難な方を選ぼう

水が低きに流れるように、人は易きに流れるもの。だから、やるかやらないか迷ったら、面倒くさいからやらない。どちらの方法を選ぶか選択を迫られたら、簡単な方を選んでしまう。でも、人生を豊かなものにするには、迷ったらやる、選ぶなら難しい方。結果はどうあれ、人を成長させてくれます。

私の勤務する市では、2月に学校対抗の駅伝大会があります。そのための練習強化チームには希望した子が入れます。校内マラソン大会で上位になった子が多いのですが、自分で力をつけたいと思えば誰でも入れるのです。ただし、選手に選ばれるのは5名だけ。A君は、校内マラソン大会で7位でしたが、チームに入ろうとしません。聞くと「選手になれないなら、チームに入って練習するなんて損だ」という考えをもっていました。私は、それはもったいない考え方だと思い、こんな話をしました。

「入るか入らないか少しは迷った？」

「うん。駅伝選手にはなりたいけど、無理かなと思って。」

「先生は、迷ったら困難な方を選ぶって自分と約束してるんだ。今まで、いろんな分かれ道に出会ってきたよ。簡単な方を選ぶと楽だけど、あとあと面白くないの。けれど、ちょっと無理かな、難しいかなっていう方を選んでみて後悔したことはないかな。むしろ、やってみてよかったということの方が多かったよ。たとえ目標が叶わなくても、次の力になるでしょ。」

次の日。A君は練習強化チームに入部。選手にはなれませんでしたが、練習によってかなり鍛えられたようです。中学に入って陸上部で活躍したと聞いています。

人生は選択の連続です。自分で選んだら後悔しないこと。そのためにも「迷ったら困難な方を選ぶ」のです。やらずに後悔するより、やった自分を褒めたいですね。

〈藤木　美智代〉

# 転石苔むさず

会社活動、という取り組みがあります。自分の興味関心や、得意ワザなどを通して、友だちを楽しませるためのイベントなどを企画する特別活動です。

「なぞなぞ会社」を立ち上げたショウヘイ君は、あまり人気が出ないことにちょっとがっかりしています。

「先生、なぞなぞ会社を解散してもいいですか?」

立ち上げも解散も自由、としてあるのですから、わざわざこのように言ってくるということは、相談したかったのでしょう。聞けば、中休み(業間休み)のときになぞなぞ会社をやろうとしても、仲のよい友だちはみんな外に行って鬼ごっこをしたりサッカーをして遊んだりしているのだそうです。

「ショウヘイ君、『転石苔むさず』という言葉があるんだよ。」

私は、「行動を軽々しく変えると、自分の身にならない」という、日本で広く使われている、イギリス流の意味の話をしました。

「でもね、実はこの言葉は全く逆の意味で使われることもある。」世の中に合わせて変わり続けることで、清新な状態でいられるというアメリカ流の解釈も説明しました。

「結局、どっちなの?」と、ちょっと困った顔のショウヘイ君。

「どっちでもいいよ。ショウヘイ君はつまる所、何がしたかったの?」

「みんなにクイズに答えてほしかった。」

その後、2人で相談し、なぞなぞ会社は給食時間に行うことにしました。ちょっと早めに片付けて、1問だけ出します。これが大人気の活動となりました。


行動するための最初の一歩を踏み出す勇気。それは、こだわりを捨てて最初の目的を思い出すことから得られることもあります。

〈藤原 友和〉

## 殻を破る

これまで手を挙げて発表したことのないリョウ君が手を挙げて発表をしました。

顔を真っ赤にしながら、下を向いて小さな声で発表をしました。みんなは顔を見合わせました。そして、視線は真っ赤な顔のリョウ君に集まりました。リョウ君はさらに下を向いてしまいました。

そのとき、教師はリョウ君とみんなに次の話をしました。

「ザリガニを飼ったことがある人？（多くの子が挙手する）ザリガニは殻を破って脱皮をするよね。脱皮をした直後は、殻が柔らかいから、弱い状態になるんだよ。しかも、脱皮している最中の動くことができない状態で、敵に襲われたら逃げられないんだよ。脱皮をするのは危険だよね。じゃあ、なんでわざわざ脱皮するのかな？　それは成長するためだよ。今までの自分よりも大きく強くなるために、殻を破って脱皮するんだよ。今まで発表をしてこなかったリョウ君が今発表したよね。これは殻を破ったってことなんだよ。勇気を出して殻を破ったんだよ。その瞬間に立ち会えてみんなは幸せだね。殻を破った後、周りのみんなはどんな態度だったらいいかな？」

子どもたちに聞きました。すると、「そっとしておく」「喜ぶ」「おめでとうと言う」「自分もがんばる」などの答えが返ってきました。

「そうやって、周りのみんながやさしくすると新しい殻が強くなっていくんだよ。リョウ君みたいに勇気を出してどんどん殻を破っていこうね。今年1年間で何回殻を破れるのか楽しみだね。」

リョウ君もみんなも笑顔になりました。

> いつもと違う行動をするときは不安なものです。そんなとき、勇気を讃え、周りの子が温かく見守ってくれるような言葉をかけてあげたいものです。

〈飯村　友和〉

# 失敗はダイヤモンド

ヒデキ君が手を挙げて発表して、間違えました。「しまった」という表情です。

そのとき、教師は次のように言いました。

「ダイヤモンド獲得おめでとう！」

子どもたちは「？」という顔でした。

そこで、次のように話しました。

「失敗はダイヤモンドなんだよ。ダイヤモンドはどんな宝石よりも価値があるものなんだ。失敗にはダイヤモンドと同じくらい価値がある。だから、先生はダイヤモンド獲得おめでとうと言ったんだ。どんどん失敗してたくさんダイヤモンドを手に入れようね。」

この後も子どもたちが失敗するたびに、教師が「ダイヤモンド獲得おめでとう！」と言い続けていました。すると、子どもたちからも「ダイヤモンド獲得おめでとう！」という言葉が聞こえてくるようになりました。

明るい雰囲気の中、多くの子どもたちが手を挙げて自分の考えを発表するようになりました。

ある日、教師が連絡ミスをしてしまいました。完全な失敗です。

すると、子どもたちが、

「先生、ダイヤモンド獲得おめでとう!」

と励ましてくれました。やさしい子どもたちです。

> どんな雰囲気で言うかが大切です。からかうような雰囲気ではいけません。失敗することは本当に価値があることなのだという思いをこの言葉にこめるのです。

〈飯村　友和〉

# やったことは経験となる

好奇心旺盛な私は、とりあえずアンテナに引っかかったものは試してみよう、経験してみようと動いています。銀行員から始まり、いろんな仕事をして教員になり、今までの経験が思わぬところで役立つことを実感しています。どんな経験でも役に立つときがあるものです。特に小学生の子どもたちには、子ども時代にしか経験できないことをいっぱいやって大人になってほしいと願っています。

あるとき、応援団に立候補しようかどうか迷っている5年生女子がいました。自分に自信がないようでした。「迷うってことは、やれるってことやで。やらないって思っている人は、迷うこともしないよ。きっといい経験になるよ。」と相談に乗りました。運動会終了後、その子が書いた作文は、団体演技のことではなく、応援団のことだけをびっしりと書いたものでした。「来年は応援団長になりたい。」と締めくくられており、明るい文面から喜びが伝わってきました。

クラス全体にもいろんなアングルから話をします。「大人になって新しいことにチャレンジするのってなかなか難しいし、勇気がいるものなんだよ。だけど、みんなは小学生。毎日のように成長中。いろんなことをどんどんやってみよう。やったことというのは、全て自分の経験になるよ。そのことは、大人になったときに、きっとどこかで役に立つはずだよ。」「先生は……」と自分の経験につなげて話すこともあります。

「食わず嫌い」ならぬ「やらず嫌い」にならないように、教員自身がいつも積極的に行動し、挑戦していきたいものです。そして、その姿を子どもたちに見せることも大切だと思っています。

言いすぎると息苦しくなります。子どもの性格や気持ち、クラスの雰囲気を踏まえた上で、重たくならぬように。今、ここ!というときに背中を押します。

〈桜田　恵美子〉

# 考える・参加する・鍛え合う

4年生の子どもたちは学校の中でも優秀な学年だと言われていました。朝会で並ぶのも早く、静かに待ち、並んで移動もさっさとできます。その子どもたちが5年生になったとき、私が担任をすることになりました。朝から静かで、きちんと座っている子どもたちを見て、教室を間違った?と思う日々。しかし、子どもたちを見ていて気づきました。それは、失敗しないように言われたことだけをやっているだけということ。失敗を恐れるあまり、小さくまとまっているだけだということ。高学年になった今、それではいけないと思いました。まずは、教室にでっかい字で「考える・参加する・鍛え合う」と筆で書いて貼りました。


「考える」…言われる前に次に何をすればいいか考える。周りを見る。発問に食らいつく。

「参加する」…反応をする。わからないことを人任せにせず自分もアクションを起こす。

「鍛え合う」…失敗を恐れない。失敗する。自分の失敗からみんなも鍛えられる。

「もう高学年だからこの三つができるようになろう。それが先生からの学級目標です。」学級目標は時期が来たら決めることにし、それまでこの目標でいくことになりました。

4月の図工（専科）は自分の手を描き、それを大きな紙に全員分貼り掲示物を作ることでした。「真ん中にみんなで考えて好きな言葉を書きなさい」と指示されたようで、みんなで話し合って決めた言葉が、「考える・参加する・鍛え合うクラス」でした。図工の先生は他のクラスと違って、何だか堅苦しいことを書いていると思ったそうです。それを「見て！」と教室にもって帰ってきた子どもたちの顔が、決意の表れのようでうれしく思いました。

この子たちの最大の武器は素直だということ。伸び代がすごく大きく、臆することなく、思ったことをみんなで話し合えるいい雰囲気のクラスに成長していくことができました。

> 掲示物はできるようになったらはがしていきます。また新たな目標に向かって取り組んでいけばいいからです。

〈桜田　恵美子〉

# 逃げるとにげただけの人生が次に来る

「これ、やってみたい人いませんか。」

ある仕事で立候補を募ってみると、一人も手を挙げないことがあります。誰かが手を挙げるだろうと周りの様子を見ているのです。

そんなとき、須永博士さんという詩人の詩を紹介しています。黒板に、須永さんが描いた絵と詩を拡大したものを貼ります。詩は次のようなものです。

「逃げると／にげただけの／人生が／次に来る／甘えると／あまえただけの／人生が／つぎにくる／自分の力で／正面から／ぶちあたれ／それを／のりこえてゆけ」

まずは、この詩を一緒に読みます。その後、もう一度教師が読みます。一つ一つの言葉をゆっくりと読んで聞かせます。

「この詩は、多くの人の心の支えになっていると言われています。勇気がなく、逃げたいとか甘えたいと思ったとき、この詩を読み直す人が多いそうです。もっと強い心をもって、正面からぶちあたれと自分に言い聞かせるそうです。実は、先生もその一人です。先生だって自分の弱い心に負けそうになります。でも、大好きなこの詩を思い出します。そうすると『逃げる』という漢字が変わります。」

そう言って、黒板に「逃→挑」と書きます。

「挑戦の部首はてへん。てへんは心です。心が変わることで、逃げない挑戦心が前に出るのだと思います。」

「先生、自分もこの詩を心の支えにします！」と言う子が何人も出てきます。心を変えて挑戦することを目指す子が増えていくのです。

たった一つの「詩」が、子どもたちの行動・挑戦する心を変えることがあります。須永さんの詩が、子どもたちの逃げたい・甘えたいという弱い心を変えるきっかけとなります。

〈福山　憲市〉

# 百聞は一行にしかず

学級代表を決めるとき、福山学級では全員が立候補します。もちろん、これは1学期初めからではないです。最初は、立候補が一人もいないときがありました。また、何か仕事が割り当てられたときも、進んでやろうという者が一人もいないこともありました。

ところが、2学期になると、先に示したように誰もが立候補して進んで挑戦しようという心をもち始めます。そのきっかけとなる話がこれです。

「進んで自分からやるというのには、勇気がいります。なかなか、進んで動くなんてできないものです。でも、こんな言葉があります。聞いたことがある人もいると思います。『百聞は一見にしかず。百見は一考にしかず。百考は一行にしかず』という言葉です。」

子どもたちの声は、「百聞は一見にしかず」は聞いたことがあるけれど、その後は知らなかったというものばかりでした。続きがあることを知らなかったのです。

「百回聞くよりも一回見た方がいい。これはよく知っていると思います。その続きがあって、百回見るよりも一回しっかりと考える方がいい。でも、百回考えるよりも一回やってみる方がもっといいという言葉です。聞いただけ見ただけ考えただけで満足せずに、やってみること。やってみると、今まで見えなかったことが見えてくるというのです。昔からやってみることの大切さを訴えているのです。みんなはどうですか。やってみようという心は大きいですか。」

この言葉をきっかけに、ことあるごとに「まずやってみることですよ。」という声かけをし続けています。その積み重ねが2学期ごろになると花開き、いろんな場で全員が進んで行動をするようになるのです。

「百聞は一行にしかず」と本当の言葉を縮めて子どもたちは覚えています。一つの実行を大切にするという強い思いをこめた言葉です。行動する子どもたちに少しずつ変わります。

〈福山　憲市〉

# 人生は掛け算、自分が0では意味がない

あくまで主観ですが、学校生活の中のちょっと苦しいこと、ちょっと困難を伴うこと、ちょっと勇気がいることに対して、躊躇するどころかはじめから「できない」「やらない」と決めつけて、一向に踏み出さない子どもが増えてきているように感じるのは、果たして私だけでしょうか……。

「大丈夫、自信をもって！」

と教師が鼓舞したところで、なかなか変わりません。子どもたちのハートに灯をともす言葉がけが必要です。

「みなさんは、何かに取り組むときに、すぐに『できるかできないか』を考えます。目標を達成する心の構えとは、そうではなく、『やろうとするかしないか』なのです。結果を考える前に、まず手を伸ばしてみるのです。

結果を恐れて一歩も踏み出さないことを『0』とすると、どんなに周りがサポートしても、結果は『0』にしかなりません。なぜなら『人生は掛け算』だからです。もし、勇気を出してほんの『1』でも踏み出せば、周りのサポートが『2』あれば結果は「1×2＝2」に、もしその勇気に向上心や努力が加わって『3』となれば、『3×2＝6』となるのです。ほんのちょっと踏み出すか踏み出さないかで、結果は天と地ほども変わってくるのです。

人生は足し算ではありません。自分が『0』では意味がないのです。だからこそ、まず自分の足で『1』を踏み出すことが大切ですね。」

まずはやってみること、一歩踏み出すことの大切さを、子どもたちにとってなじみのある「計算式」を取り上げて可視化し、心に熱を入れていきます。

〈西村　健吾〉

# 成功の反対は、失敗ではない

劇に取り組んだ学習発表会近くのことです。ある子が日記に、

「何度も練習しているのに、つい間違えてしまって、本番でも間違わないか、とても心配です。せっかくみんながんばって取り組んできているのに、私が失敗したら……。」

と書いてきました。

たまたまこの子が日記に書いてきたけれど、きっと多くの子が同じように思い、心配しているだろうと考え、次の朝、「成功と失敗」について話すことにしました。

「学習発表会が近くなってきましたね。『失敗したらどうしよう……。』と思っている人？」

と聞くと、やはり多くの子が手を挙げました。

「失敗をしないように、練習することは大事だし、『失敗したらどうしよう……。』と心配したところで、問題は解決しません。練習するしかありません。」

「やっぱりそうだよな……。」という顔をする子どもたち。

「でもね、これだけは、覚えておいてほしいです。『成功の反対は、失敗ではない』ということです。人間だもん、どれだけ練習したとしても、失敗することはあるのです。」

「じゃ、成功の反対は、なんだと思う?」

成功の反対は失敗だと思い込んでいた子どもたちは、思いつくことができません。

「成功の反対は、『全力じゃない』です。つまり、たとえ失敗したとしても、全力でやったと言いきれるのであれば、それは、『成功』だと先生は思っています。全力でやれば、何かがみんなの中に残るからです。」

この一言で、子どもたちは、今まで以上に、失敗を恐れず、全力で取り組みました。


失敗したらどうしようという不安の中で取り組むのではなく、「全力を出しきる」というベクトルで、練習を積み重ねていけば、豊かな時間になっていきます。

〈大野　睦仁〉

# チェインジ

クラスが変わりました。教室が一階上がっただけでなく、きれいな真新しい教室になりました。出会った子どもたちに言いました。

「心がうきうきしてきませんか。なんとなくうれしくなってきませんか。こんなときは、いろんなことを変えられるチャンスなんですよ。自分が変わることを『チェインジ』と言います。

これまでは宿題とか、さぼっていたなあという人は、今年からちゃんとするようにチェインジすればいい。2年生までは意地悪していたけど、やめたいなと思っていたら、今日からやさしい人にチェインジ。手を挙げて発表するのが苦手だと思っていた人も、チェインジしてみてごらん。今日からは、『チェインジ』。みんなで言ってみましょう。」

「チェインジ！」

さらに、こう付け加えました。
「みんなにお願いがあります。先生には、2年生のときは、こんなことしてたよとか、あの子に2年生のときこんなことされたとかいうことは、言わないで下さい。先生は、今日からの君たちのよい所だけを見ていきます。そうしないと、チェインジしたい人も変わりにくいからね。
そしてね、お友だちがチェインジしようとしていたら、どんなふうにチェインジできるか、だまって応援してあげましょう。」

**子どもの変わりたいという気持ちを大切にすることです。**

〈多賀 一郎〉

ものの見方・考え方を学ばせたいとき

# 心のコップはいつも空っぽに

ちょっと反抗期の入り口に立つという頃、大人の言うことが素直に入っていかないことがあります。自分が正しい、自分の思い通りにしたい、それも成長ですが、まだまだこれからたくさんのことを学んでいく時期に、そうやって心を閉ざしてしまってはもったいないと思うのです。

私は、卒業する子どもたちにはなむけとして、こんな話をしました。その年の6年生はみんな素直な子どもたちでしたから、これから訪れるだろう反抗期に向けて話しました。

「みんなの心には、ピカピカのきれいなコップがあるんです。生きていると、だんだんコップは汚れて、自分の色に染まった水がたまってきます。

悪いことを覚えたり、ずるいことをしたりすると、コップは汚れてくるんです。だから、時々反省して、きれいに磨いてあげてくださいね。

自分らしさや自分の考え方が出てくると、自分色の水がたまってきます。これは成長なので、とても大切なことなのですが、まだまだたくさんのことを吸収しなければならない時期です。友だちからのアドバイス、親からの注意、先生からの指導、そういうものが心のコップに入ってきます。そのときにコップが空っぽになっていれば、すーっと心に入ってきます。もし、自分色の水が入ったままであったら、新しい水は入らないし、周りにどんどんこぼれていってしまいます。ですから、心のコップはいつも空っぽにしておくといいですよ。

たぶん、どんなに年をとっても、先生だってまだまだ成長したいので、心のコップはいつでも空っぽにしていたいと思います。」

「心のコップはいつも空っぽに」しておくこと。そうすれば、いろいろなアイデアや考え方が入ってきて、豊かな、そして幸せな人生が送れることでしょう。

〈藤木　美智代〉

# 心の中にある太陽の光の当て方を変える

A君とB君は天敵です。A君はB君のことを「乱暴者」と言うし、B君はA君のことを「嫌味な奴」と言います。5年生というのに、互いの言動にいちいち腹を立てては喧嘩。そんな2人に周囲もややあきれ始めていた頃。私は、2人に少しでも歩み寄れないものかをたずねてみました。2人の答えは「無理」。互いに手を尽くした結果、やはり無理だったというのならわかります。努力らしい努力もせず、相手をシャットダウンするなんて……。

「月がボールと同じ球体なのは知っていますよね。球体の月が日によって形が変わるのは、太陽の光の当たり方が変わるからです。こんなふうに光が当たれば半球になるし、角度を変えれば線のように細い三日月になります。ではこれらの元の形は変わったのでしょうか。

今のあなたたちは、月が本当は球体であることを知らずに、『月とは球を半分に切った形のものだ』『いや、線のように細いものだ』と言い合っているのと同じです。光の当て方が変わると見え方も変わるように、A君を見ようともせずに自分から見える半球の形だけがA君だと決めつけているのです。

A君には乱暴な面しかないわけではありませんよね。面白い面、やさしい面、おっちょこちょいの面……いろいろあるはずです。B君だって同じ。お互いに、相手の一面だけを見て嫌い合っているのです。

心の中にある太陽の光の当て方を変えて、もっと違う面を見てみませんか。それでもやはりお互いを嫌いでもいいのです。相手を知りもしないで批判ばかりするのって、寂しいじゃありませんか。」

一度きりの人生。少しでも嫌いな人が少ない方が幸せ。光の当て方で見方を変えられるなら、それに越したことはありません。

〈宇野　弘恵〉

## 花を花と見て花と見ず

理科や社会の時間、一つの資料を提示したとき、なかなか多面的に資料を見ることができないことがありました。そんなとき、次のように話をします。

まずは、紙に書いておいた「花を花と見て花と見ず」という言葉を黒板に掲示します。

「一緒に読んでみましょう。(読む) 花を見て花と見ない、何となくわかりにくい言葉ですよね。」

こう言って、黒板に今度は「花の写真」を貼り、子どもたちに聞きます。

「この花を見てどうですか。きれいですか。」

全員がきれいだと手を挙げます。そこで、写真のそばに蜂の写真を貼ります。

「蜂にとって、この花はどう見えていると思いますか。」

何人かに聞くと、ほとんどの子が「おいしそうな蜜があるなあ。」と見えていると思うと言うのです。

「もし、ここにアリの写真を貼ったら、アリたちは雨を防いでくれてありがたいと思っているかもしれないですよね。こんなふうに、同じ花でも立場を変えて見ると、見え方が変わってくるというのが『花を花と見て花と見ず』ということなんです。いろんなものの見方をすると、同じものでもいろんな感じ方ができますよね。」

そう言った後、新しい写真を黒板に貼ります。例えば、夏の風景を写したものです。

「この写真を五つの見方で見てください。」

多面的な見方をする練習の場を、この言葉をきっかけに多く積んでいきました。「いろんな立場や視点でものを見る」……練習を積むことで、どんどんできるようになっていきます。

ものの見方を多面的にしていきたいとき、資料の見方をいろいろと教えていく練習の場を積めばいいですが、そのきっかけとなる言葉があると、より練習に磨きがかかると思います。

〈福山　憲市〉

## マイナスのことを言っているときの顔を見てごらん

子どもたちから聞こえてくるトラブルの中でも、「悪口を言われた／言っている」という声は、よく聞くトラブルの一つではないでしょうか。

そんな訴えがあったとき、ケースによって、アプローチは違ってきますが、悪口のことをまず確認して、相手がどんな気持ちで悪口を受け止めているかということをわかってもらいます。そして、この後、どんな行動をすべきか考えていけるようにします。

こうした事後の対応だけではなく、事前の対応として、クラス全体にこんな言葉を伝えることがあります。

「悪口みたいなマイナスのことを言っているときの自分の顔を鏡で見てごらん。どんな顔をしていると思う？　決していい顔をしていないと思うんだよね。」

「そんな顔をいっつもしていると、どんな顔になっていくか、想像してごらん。」

容姿が気になりだしている高学年には、特に響いていきます。

「やさしい顔は、やさしい毎日がつくっていくし、すてきな顔は、すてきな経験の積み重ねがつくっていくのだと思うよ。」

マイナスのことを言っているときに、自分の顔を鏡で見ることはないだろうし、実際に見ようとしても、なかなか難しいことです。

でも、どんな顔をしているかをイメージすること。それは、自分自身のことを見つめていくことにつながります。

悪口を言われている子の気持ちがまず考えるべきことです。でも、悪口を言っている自分自身のことも考え、大切にしてほしいと思います。

マイナスな言葉は、悪口だけではありません。他のマイナスの言葉でも、同じように考えることができます。毎日の過ごし方が自分をつくっていきます。

〈大野　睦仁〉

## 絶対は、ない

子どもたちはよく、

「絶対にする！」

「絶対に許さない。」

というような言葉を口にします。

そういう言葉が横行しているときには、クラスの状態はよくないものです。

学級で話し合いをしていて、その言葉が出てきました。喧嘩をしていて、相手のしたことを絶対に許せないというのです。

そこで、

「この世に絶対は、ないんだよ。どんなことでも、変わることがある。人への怒りも絶対に変わらないなんてことはないし、絶対に一生大嫌いだと思っていても、何かのきっかけで親友に変わることだってある。先生の親友も一人、そうだった。お互いに大嫌いだったのに、あることをきっかけにして親友になった。」

「絶対は、ないんだよ。『今は、イヤだ』というような言い方をしようよ。」

と、話しました。

この言葉だけで納得することはないのですが、繰り返していると、考えとして定着していきます。人間関係の上で余裕をもたせる言葉だと考えています。

言葉の使い方を意識させると、考え方にもつながっていきます。

〈多賀 一郎〉

# 仏の顔も三度

「仏の顔も三度」は、「仏のような温厚な人でも、何度も無礼なことをすれば怒る」ことを例えた言葉です。とても有名な言葉ですので、子どもたちにも意味が伝わりやすい言葉です。また「三度」というのは、「三度目の正直」「二度あることは三度ある」の言葉にあるように、日常的に使いやすい言葉になっています。

3年生の、よく忘れ物をしてくる○○さん。漢字ノートを忘れたので、連絡帳に書いていました。しかし、次の日もやはり忘れてきてしまいました。

「先生。今日も、漢字ノートを忘れました。」

「○○さん。昨日も、忘れましたね。連絡帳にも書きましたね。それでも忘れてしまったのですか。」

いらいらしているときは、忘れ物の報告に腹が立って仕方がないときがあります。そういうときは、この言葉です。

「『仏の顔も三度』です。先生の今の顔は……『仏』ですね。明日も忘れると……『仏』の顔が『オニ』に変わるかもよ。」

「ぎゃー！」

もし、次の日にその子が忘れてきたら、予告通りとっても恐ろしい「オニ」の顔で短く叱ります。あとは、家に連絡を取るなど適切な対応をとります。もし、もってきたら、「三度目の正直だね。」などと、できたことを認めます。

この言葉のいい所は、仏＝教師として、教師自身も子どもを寛容に受け止められることです。ちょっとした失敗については、次にがんばれるように促すために使います。

失敗をしてもよい。でも、改善は必要。そのためには、教師も仏のように寛容であること。子どもは失敗を生かして改善すること。双方、大事にしたい言葉です。

〈桔梗　友行〉

あいさつや返事の大切さを伝えたいとき

# 呼んでくれる人がいる幸せ

6年生の2学期半ばの保護者懇談。この頃名前を呼んでもちゃんと返事をしてくれない、という話題が出されました。

翌日教室でこの話題に触れると、子どもたちからは

「だって何でも聞きたがるんだもん」「今やろうとしたのに、いちいち言うんだもん」と思春期特有の〈言い訳〉。気持ちはわかります。しかし、だからといって、呼ばれて返事をしないことが、正当な理由にはならないでしょう。

「もし、たった一人きりで無人島で暮らさなくてはならなくなったとしたら、あなたにとっての一番の恐怖は何ですか。危険動物や食料の有無、住む場所の確保や衛生面や病気の心配……中には、ゲームができない、テレビが見られなくていやだという人もいるでしょう。でも、無人島暮らし最大の恐怖は、孤独だそうです。

運動会のリレーで負けたとき、悔しい気持ちを聞いてもらったら、なんだか心が軽くなりませんでしたか。おいしいものを食べたとき、〝おいしいね〟と言い合ったら、おいしさが2倍になったような気がしたことや、怖いテレビを誰かと一緒に観たら、不思議と怖くなくなったことはありませんか。

自分以外の誰かの存在は、私たちを勇気づけたり楽しませたり、時には悲しみや苦しみを薄めたりしてくれているのです。誰かに名前を呼ばれるのは、あなたは一人ぼっちではない証拠です。あなたは名前を呼ばれるたびに、呼んでくれる人がいる幸せを教えてもらっているのですよ。」

一人きりでは、絶対に名前を呼ばれることはありません。一人じゃないから、呼んでもらえるのです。誰かがいる幸せを噛みしめたいものです。

〈宇野　弘恵〉

# 日本一美しい言葉「ありがとう」

ある年、新しいクラスを担任したとき、どうしても気になったのが「ありがとう」という言葉がすっと出てこない学級の空気。自然と出てくる「ありがとう」という言葉でいっぱいになるクラスにしたいなあといつも思っています。

そこで、４月初めということもあり、次のような話をしたのです。

「みんなに質問です。あるとき、日本語で一番美しい言葉は何ですかというアンケートがありました。みんなは、何という言葉だと思いますか。」

おはよう・こんにちは・ごめんなさい・ありがとう・さようなら・どうぞなどいろんな言葉が出てきました。そこで言います。

「実は、『ありがとう』なんです。ありがとうという言葉を言われると、どんな人も気持ちがうれしくなると言うのです。もちろん、『ありがとう』の言い方も大切になってきます。心のこもった『ありがとう』を言われると心がジーンとくると言います。」

この後、「ありがとう」の反対言葉は「あたりまえ」という話から「ありがとう」という言葉が「有難い」から来ていることなども話をします。「あたりまえ」でないと思うから心のこもった「ありがとう」を言えるという話です。そして、全員に聞きます。

「4月、新しいクラスがスタートしてから『ありがとう』を10回以上言われた人はいますか。もう10日経っているので、1日1回言われると10回になりますね。」

10回以上となると意外に少ないのです。

「『ありがとう』を、心をこめて言ったり言われたりする人になってくださいね。」

次の日から少しずつ心のこもった「ありがとう」がたくさん聞こえてきます。

心のこもった「ありがとう」が、クラスにあふれるきっかけづくりをします。その後は、子どもたちの姿をしっかりと認め、褒め続けます。ありがとうと笑顔でいっぱいになります。

〈福山　憲市〉

# あいさつは人との距離を縮める

高学年になるにつれて、元気よくあいさつができなくなる子どもたちが増えます。恥ずかしさやピア・プレッシャー（同調圧力）がその原因です。

ただ
「元気よくあいさつしなさい」

と唱えるだけでは、意味がありません。先生に叱られるからあいさつしているという状態は、教育的ではないでしょう。

やはり、なんのためにあいさつをしているのかという根本的な所を子どもたちに考えさせたいものです。

そこで、こういう言葉を使います。

「先生が朝、犬を連れて散歩していると、いろいろな人に出会います。必ずこちらから『おはようございます』とあいさつしますが、返事をしてくれる人と、してくれない人がいます。一人のおじさん、絶対に返事をしてくれなかったんだけれども、僕も意地になってあいさつし続けました。そしたら、ある日、小さな声で『おはよう』と言ってくれたんです。うれしかったですね。その人との距離が一瞬でぐっと縮まったように感じました。あいさつは、人と人との距離を縮めるものなんですね。」

なんのためにするものかということは、全ての活動において教師がもっておかなければならないことです。

〈多賀　一郎〉

## 形式的なあいさつの先にある本物のあいさつを

子どもたちへのあいさつ指導は、どの学校でも課題となっていることでしょう。玄関先で、廊下で、繰り返し繰り返し……。教師だって、負けてられません。何とかして子どもたちにあいさつを定着させようと必死に声を張り上げます。「声が小さい！」「相手の目を見て、自分から言いなさい！」……。

さて、自戒も含めて、ここで問います。「子どもたちが行うそのあいさつ、果たして、本物のあいさつですか？」「子どもたち、あいさつ運動が終わっても、果たして、自分から進んで気持ちよく、あいさつしますか？」そんな状況を打破するために、私は次のような言葉を子どもたちに投げかけます。

「みなさん、本物のあいさつってどんなあいさつでしょうか。なりふり構わず大声を出すあいさつでしょうか。相手と視線さえも交わさないあいさつでしょうか。否。本物のあいさつとは、形式的なあいさつの先にあります。

みなさんがいつも行っているあいさつ、そのほとんどは、形式的なあいさつです。幼稚園の頃から、『先生さようなら、みなさんさようなら』と何百回何千回と繰り返してきているのもきっとそれです。確かに、私たちが暮らす社会では、この『形式的なあいさつ』も存在します。しかし、本来身につけるべき本当のあいさつとは、相手を気遣ったり、会話や人間関係のきっかけとなったり……、もっと心と心を通わせる温かいものなのです。

①『あ』…明るく、②『い』…いつでも、③『さ』…先に、④『つ』…続けて一言。人と人との関係を紡ぐことのできる、そんな『あいさつ力』を身につけていきましょう。」

「生活に節目をつける」といった形式的なあいさつも軽視しない一方で、形式であることに自覚的であること、その先にある本物のあいさつの大切さを説くことが肝要です。

〈西村　健吾〉

## 啐《そっ》啄《たく》同《どう》時《じ》

授業開始時にはあいさつをします。学習に集中するために心を整える時間です。また、じっくりと一人一人の顔を見て、様子をとらえる時間でもあります。

しかし、給食を食べて、昼休みには外で思いきり遊び、6時間目ともなると、もう集中力も続きません。始めのあいさつもおざなりになってしまいます。初夏のある日もそうでした。仕方ないと割りきることも時には必要ですし、普段はそれほど気にしないのですが、この日の社会科では前時までにとてもよい学習を続けていたので、気持ちを切り替えさせたいなと考えました。

「みなさん、先生は『教えたい』と思っていますが、みなさんは今、『学びたい』と思っていますか?」子どもたちの表情がさっと変わります。

「なかなかそれがぴったり合うことはないですよね。だけど……。」このように話して、前の時間の授業で、いかにすばらしい場面があったのか、具体的に個人名を挙げ、発言を再現しながら褒めました。

「こういう瞬間を『啐啄同時』と言います。今日の授業の中にも、そういう場面が生まれたらいいな、と思って、先生は一生懸命に授業します。では、心を落ち着けて、もう一度あいさつしましょう。」

「はいっ！」

とても気持ちのよいあいさつの声が教室に響きました。私はいつも以上に、子どもたちの発言に注意を払い、板書に位置づけ、ねらいに迫ることができるように授業を進めました。子どもたちに要求した分だけ、自分へのハードルも高まることを感じながら。啐啄同時の瞬間が訪れることを夢見ながら授業は進んだのでした。

できるかどうかわからないこと。しかし、授業の中にはすばらしい瞬間があります。その価値を語ることで、一期一会の精神で授業に向かうことができると思います。

〈藤原　友和〉

# 馳走は、走り回って手配すること

日本の美しいあいさつの一つに「ごちそうさま」があります。小さい頃から家庭でしつけられて、それを言うことが習慣になっていることは、とてもすばらしいことです。

しかし、習慣というのは、まさに慣れてそれをするのがあたりまえになっているわけです。

そのよさもあれば、逆に残念な状態になっていることもあります。あいさつはしているけれど、そのあいさつがいいかげんであったり、無思考状態で行われていたりすることもあります。

できれば、よい姿勢で、まっすぐなまなざしで食後のあいさつは言わせたいものです。

そのためには、あいさつの仕方そのものの指導も重要ですが、いい姿であいさつしたくなるようなあいさつの意味も子どもたちに伝えたいものです。

「『ごちそうさま』の意味って知っているかな。毎日あたりまえに言っている言葉だから、意味を考えたことはないかな。『ち』は漢字で書くと『馳』と書くんだよ。これはね、馬を走らせることね。その食事をつくるためにあちこちに馬を走らせて準備するということね。そして、『そう』は『走』と書くよ。これは「走る」という意味だね。その食事をつくるために走り回って準備するということね。つまりね、いろいろな手間をかけ、時間をかけて、自分のために走り回ってくれたことに、感謝するのが『ごちそうさまの意味』なんだね。いまは、さすがに馬に乗って、食材を探しに行く人はいないけれど、食材をとる人、食材を育てる人、それを運ぶ人、調理してくれる人、調理したものを学校まで運んでくれる人、箸やお皿を用意してくれる人、また食べ終わったら食器を運んでくれる人、洗ってくれる人……。さまざまな人が確かに駆け回ってくれるから私たちは食べられるんだね。」

言葉の意味を知れば、その言葉を言うときに心がこもるはずです。そして、心をこめて言うとあいさつは気分がいいということを実感させてあげましょう。

〈山田　洋一〉

## 食べるのではなく、いのちをいただく

毎日、なんとなく繰り返している「いただきます」の言葉ですが、この意味を子どもたちに知らせることは、命を大切にする心を育てることにつながります。

日常的にできる「命の教育」として、この「いただきます」の意味を子どもたちに知らせましょう。

「みなさん、『いのち』は大切だと思いますよね。『いのち』って一つしかないからね。一個なくしたから、隣の人に『ちょっと悪いんだけど、明日まで貸してくれる』なんていうわけにはいかないんだね。そして、この『いのち』なんだけど、人間も動物も同じ『いのち』なんだね。動物を飼っている人はよくわかると思うけれど、犬や猫、魚、みんな同じ大切な『いのち』なんだね。牛や豚は？　牛や豚も大切だ。植物は？　植物にも『いのち』はあるよね。ところが、その大事な命を、毎日毎日、私たちは食べてるってことに気づいていたかな。……かわいそうだよね。でも、そのかわいそうなことをしないと、私た

ちは死んじゃうんだよね。私たちは、『いのち』は大切だから、他の生き物の『いのち』を奪いません、と言ったって、他の生き物の『いのち』を奪わなくっちゃ、こっちが今度は死んじゃうんだよ。どうしたらいいかな。」

ここで、子どもたちに少し考えさせます。少し間をとって、子どもたちの考えを子どもたち自身で整理する時間をあげるようなイメージです。

そして、「だから、せめて『いのち』を奪わなければならないときは、『食う』とか『食べる』じゃなくて『いただきます』とはっきりと、『ありがとうございます』と思いながら言いたいね。」と話を終えます。

日常においてできる「命の教育」です。給食時間が、けっしてあたりまえの時間ではなく、とてもありがたい時間なんだということに気づかせましょう。

〈山田　洋一〉

# あいさつはスイングドア　返事は事を返すこと

あいさつは、コミュニケーションツールの一つであり、人同士のつきあいをしていく上でのマナーの一つと言えるでしょう。このあいさつ、時刻によって使い分けています。また、友だちや仲間同士であれば、「元気？」「やぁ！」「久しぶり」「おいっす！」なども使うでしょう。別れ際に、「さようなら」「ごきげんよう」「また明日」なども使います。

「先生、『おはようございます』ってあいさつしても、返してくれません。」

と訴えてくる子どもがいました。そこで私は、

「あいさつはスイングドアだよ。こっちにも向こうにも、開いたり閉じたりするでしょ？　そのとき、確実にドアは開けているから大丈夫だよ。たまたま向こうのドアが開かずの固定扉だったのかもしれないね。自分と相手の間にあるスイングドアをどんどん開けたり、開けられたりしていけるといいね。」

と返すと、納得した様子でその場を離れていきました。その後、元気のよいあいさつをし

続けたその子の声は今でも忘れません。

次に、返事です。「ここにいます」(存在)「わかります」(納得と理解)を表現するときに使います。つまり、返事をするということは【事を返す】こと。返事＝「はい」、もし、「え?」「は?」と返せば、間違いなく叱られます。声に出す、目で合図する、うなずく……など方法はあれこれあります。子どもたちの個に応じた返事をするように、これまで声をかけてきました。なぜなら、〈これが正解〉はないと考えるからです。「大きな声で返事をしましょう。」と同調圧力が加わり続け、声の小さかった私の過去の経験から、子どもたちに伝えてきました。

あいさつや返事は、コミュニケーションツールの一つであること。そして、子どもも大人も関係なく、大切にしていくべき日本の文化だということを伝え続けていきたいですね。

〈中條　佳記〉

# おわりに

先生方の「言葉」が並びました。

さすがに人選は間違っていませんでした。この本を読んだ方には、僕のこの言葉の意味は、よくおわかりになるだろうと思います。

それぞれの言葉には、その先生が大切にしている考え方や子どもへの姿勢、そういったものが総合的に現れています。その先生の教師としての姿が垣間見えるといった方がよいでしょう。

言葉というものは、本当に力があります。教師はその言葉の力を最大限に活用する仕事なのです。

子どもたちの心に何か言葉の灯をともすことができたら、教師という仕事の一つの成果でもあると言えます。

ただし、力のある言葉というものは、両刃の剣でもあると心してください。灯をともすこともできれば、燃えだした炎を言葉が消し去ってしまうこともあるということなのです。

使うときとタイミングは、経験や子どもたちとのコミュニケーションから生まれます。どうか自分の言葉に置き換えて使うようにしてください。

そして、いつかみなさんもご自分だけの特別な言葉も使えるようになるといいですね。


この本は、２０１５年春に3部作として出版したロケットスタートのシリーズものとして刊行されましたが、以前のチームより、もっと幅広い先生方のご協力ですてきな一冊になりました。「クラスを育てるいいお話」と合わせてお読みいただくと、かなりのバリエーションがもてると思います。

いろいろな先生方と連絡を取りながらここまで尽力くださった、松川直樹さん、林知里さん、佐藤智恵さんたちをはじめとする明治図書のロケットプロジェクトチームのみなさんに、深く感謝致します。

多賀　一郎

【編者紹介】
**多賀　一郎**（たが　いちろう）

チーム・ロケットスタート・コーディネーター。

好きな言葉「真実一路の旅なれど、真実鈴ふり思い出す」

神戸大学附属住吉小学校を経て私立小学校に長年勤務。

現在，追手門学院小学校講師。

専門は国語教育。親塾など，保護者教育に力を注いでいる。また，教師塾やセミナー等で，教師が育つ手助けをしている。絵本を通して心を育てることをライフワークとして，各地で絵本を読む活動もしている。

著書に『ヒドゥンカリキュラム入門』『学級担任のための「伝わる」話し方』『学級づくり・授業づくりがうまくいく！プロ教師だけが知っている50の秘訣』『１から学べる！成功する授業づくり』（以上，明治図書）等多数。

【著者紹介】
## チーム・ロケットスタート

よりよいクラスづくりを願う先生のため，その道のスペシャリストが集結し，それぞれの英知を伝承すべく組織された多賀一郎先生をコーディネーターとするプロジェクトチーム。プロのワザを惜しみなく伝えることを信条に，子どもを伸ばし，クラスを育てる珠玉の言葉の数々を大公開。

最高の学級開きのアイデアをまとめた
『安心＆最高のクラスづくり大作戦
学級づくりロケットスタート』
がある。

（低学年）

（中学年）

（高学年）

【チーム・ロケットスタート団員（執筆者）紹介】
（50音順）※所属は執筆時


**飯村友和**　千葉県佐倉市立青菅小学校

好きな言葉「トラブルはチャンス」＝「トラちゃんが来た！」

**宇野弘恵**　北海道旭川市立啓明小学校

好きな言葉「見えないことから見ようとする心の目をもつ」

**大野睦仁**　北海道札幌市立三里塚小学校

好きな言葉「必要なのは，走り続けることじゃない。走り始めることだ」

**桔梗友行**　兵庫県西宮市立深津小学校

好きな言葉「両忘（善悪・白黒など両極を忘れるという意味）」

**桜田恵美子**　大阪府豊中市立野畑小学校

好きな言葉「臨機応変」

**土作　彰**　奈良県広陵町立広陵西小学校

好きな言葉「天職は探すのではない。目の前の仕事を天職にするのだ」

**中條佳記**　奈良県王寺町立王寺南小学校

好きな言葉「大人も子どもも出会いは大切に　一期一会」

**長瀬拓也**　同志社小学校

好きな言葉「子どもたちから常に学ぶ姿勢を大切に」

**西村健吾**　元鳥取県公立小学校教諭
好きな言葉「自分に勝つ！　苦しいときこそノーブレス！」

**福山憲市**　山口県下関市立勝山小学校
好きな言葉「一生一事一貫」

**藤木美智代**　千葉県船橋市立海神南小学校
好きな言葉「教育とは，夢を語ること。将来への種蒔き」

**藤原友和**　北海道函館市立昭和小学校
好きな言葉「良薬は口に苦く，忠言は耳に逆らう」

**古川光弘**　兵庫県赤穂市立原小学校
好きな言葉「覚悟に勝る決断なし！」

**戸来友美**　北海道千歳市立信濃小学校
好きな言葉「いつも心に太陽を」

**松下　崇**　神奈川県横浜市立川井小学校
好きな言葉「人に優しく　自分に厳しく」

**南　惠介**　岡山県和気町立藤野小学校
好きな言葉「君子和而不同。小人同而不和（和して同ぜず，同じて和せず）」

**山田洋一**　北海道恵庭市立和光小学校
好きな言葉「なにもできないけれど　なんでもできる」

教師の言葉でクラスづくり
子どもにしみこむいいお話

2016年4月初版第1刷刊
2022年1月初版第6刷刊
編　者　多　賀　一　郎
著　者　チーム・ロケットスタート
発行者　藤　原　光　政
発行所　明治図書出版株式会社
http://www.meijitosho.co.jp
(企画)松川・林(校正)松川・山田
〒114-0023　東京都北区滝野川7-46-1
振替00160-5-151318　電話03(5907)6703
ご注文窓口　電話03(5907)6668

＊検印省略　　組版所　株式会社アイデスク



Printed in Japan　　ISBN978-4-18-226722-2